JULES GRENIER

ÉCRIVAIN BRIARD

ET STÉNOGRAPHE

1844 — 1888

PRIX : UN FRANC

MEAUX

A. LE BLONDEL, IMPRIMEUR

Libraire de la Société d'Archéologie de Seine-et-Marne

1890

OUVRAGE

PUBLIÉ PAR LES SOINS DU COMITÉ JULES GRENIER

1890

Jules Grenier

JULES GRENIER

ÉCRIVAIN BRIARD

ET STÉNOGRAPHE

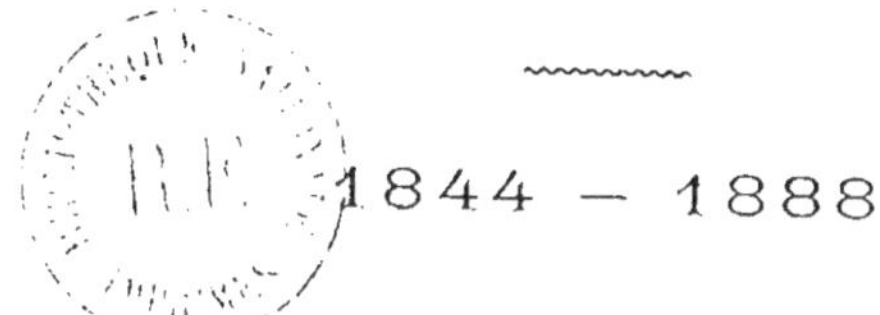

1844 — 1888

MEAUX

A. LE BLONDEL, IMPRIMEUR

Libraire de la Société d'Archéologie de Seine-et-Marne

1890

JULES GRENIER

BIOGRAPHIE

Vous n'êtes pas sans avoir rencontré, en parcourant la Brie et plus particulièrement la délicieuse vallée du Grand-Morin, ce type de bon et brave cultivateur, à la mine réjouie, à l'œil éveillé, au sourire fin et doucement railleur, qui vous aborde avec une phrase joyeuse, émaillée de mots plaisants et drôles ?

Ce type si français qui tend malheureusement à disparaître, nous le retrouvons tout entier, bien vivant, dans un volume qui est une sorte d'évangile briard et qui, après nous avoir tous amusés et intéressés, servira, on peut le dire sans exagération, à instruire ceux qui viendront après nous.

Je veux parler de la *Brie d'autrefois*.

Eh bien ! ce paysan gai et spirituel, malin et bon, c'est l'auteur lui-même de ce charmant ouvrage où sont peints si fidèlement les usages et les mœurs de nos pères, c'est Jules Grenier, un descendant direct de cette race vaillante et aimant à rire. Son travail sur les vieilles coutumes briardes suffirait donc seul, à le faire aimer de ses compatriotes, si cet historien agréable n'était, en même temps, un artiste amoureux de son pays, de sa vallée, qui ne peut rester étranger à aucune des manifestations qui s'y produisent et qui se prodigue sans compter, heureux s'il peut faire réussir une œuvre capable d'apporter un peu de renommée et de gloire à sa chère Brie !

Jules Grenier est ne en novembre 1844, à Villiers-sur-Morin (Seine-et-Marne). Son père, modeste vigneron, n'avait sans doute d'autre ambition pour lui que de le voir plus tard à son tour cultiver les champs et les vignes qui formaient l'apanage de la famille, mais une terrible maladie, une fièvre typhoïde, qui mit ses jours en danger, lui ôta à tout jamais, à l'âge de quatre ans, l'usage de ses jambes.

L'enfant fréquenta l'école de son village et reçut une bonne instruction primaire, mais rien de plus. Puis, quand vint le moment d'apprendre un métier, il entra chez un tailleur de Villiers. N'était-ce pas, croyait-on, le seul état qui pût convenir à sa position ?

Mais, très travailleur et voulant quand même s'instruire, le jeune Jules, dont l'esprit, comme une conséquence fatale de sa maladie, semblait s'être développé pendant que le corps s'affaiblissait, consacrait tous ses moments de loisir à l'étude. L'histoire de la Brie, principalement, l'attirait et le passionnait. Il notait consciencieusement tous les faits, toutes les anecdotes qui pouvaient lui faire connaître plus à fond encore le caractère briard, accumulant chaque jour les précieux matériaux qui devaient plus tard lui être indispensables pour écrire son livre sur les mœurs et coutumes du pays. Non content des renseignements qu'il puisait dans les livres et dans les archives, il recueillait de la bouche même des paysans et paysannes les proverbes, les récits de veillées, les légendes qui se transmettaient de père en fils dans chaque maison du village.

Vers 1865, Jules Grenier envoya ses premières études sur les usages de la Brie au *Publicateur* de Meaux. Toutes furent remarquées et favorablement accueillies.

Le premier pas était fait. Grenier se mit résolument à l'œuvre et fit paraître régulièrement de petits croquis, alertes autant qu'exacts, qui ne tardèrent pas à faire connaître et retenir son nom. Ces historiettes locales, écrites en un style simple, sans prétention, furent comme une révélation : on découvrait un écrivain racontant gaiement, finement, comme parlent les paysans de la Brie.

Mais ces essais d'histoire locale ne suffisent bientôt plus à son besoin de travail. Grenier se donne avec ardeur à l'étude et à la propagande de la sténographie Duployé, qu'il répand dans les campagnes. Nous sommes alors en 1869.

Quelques mois plus tard, survient la guerre contre l'Allemagne. Tous les jeunes gens de son âge s'en vont combattre, les uns dans l'armée active, les autres dans la garde mobile, ces derniers conduits par son frère Alphonse, tambour de la compagnie du canton de Crécy.

En voyant son frère, marié récemment, obligé de quitter sa jeune femme et d'abandonner une exploitation agricole qu'il venait d'acquérir, une idée généreuse autant qu'irréalisable traverse le cerveau de Jules. Le 31 juillet 1870, il écrit au Sous-Préfet de Meaux pour le supplier de le laisser partir à la place de son frère. Il n'est pas valide, c'est vrai, mais il est tailleur et il faut toujours des hommes de son état dans l'armée.....

La lettre, au milieu du désarroi de cette époque terrible, reste naturellement sans réponse, et le pauvre Jules, retenu au village par son infirmité, voit partir les camarades, rageant de ne pouvoir aller, comme eux, verser son sang pour la patrie.

Les jours sombres arrivent. Le canton de Crécy est occupé par l'ennemi investissant Paris. Jules Grenier écrit au jour le jour un résumé de l'*Invasion Allemande à Villiers-sur-Morin*, où sont notées toutes les misères, toutes les souffrances de l'occupation.

1871. — La paix est signée, les mobiles sont revenus et lui racontent tous les épisodes du siège de Paris, auxquels ils ont pris part. En collaboration avec son frère, il écrit alors le *Journal d'un mobile de Seine-et-Marne à la défense de Paris, 1870-71* (*Compagnie du canton de Crécy*, et publie cet ouvrage en 1874 Meaux, librairie Le Blondel.)

Il revient ensuite à ses études favorites : l'histoire locale et la sténographie, et collabore à l'*Almanach historique de Seine-et-Marne*, au *Briard* et à diverses revues.

Le 5 avril 1877, il fonde, de concert avec M. Graillot (de Lagny,) le *Cercle de la Brie*, société sténographique départementale. Trois mois après, il crée et dirige seul la *Gazette sténographique de Seine-et-Marne*, échos du Cercle de la Brie. En 1883, fort souffrant, il cède la direction de ce journal à M. Toupy, instituteur à Pomponne.

Entre temps, il obtient de M. l'Inspecteur d'Académie, à Melun, l'autorisation de faire faire à MM. les Instituteurs, dans chaque canton du département, des cours de sténographie, à l'issue de leurs conférences pédagogiques.

En 1882, Jules Grenier, qui se plaît à faire rendre justice aux célébrités locales, participe activement à l'érection de la plaque commémorative posée par les soins du *Cercle de la Brie* sur la maison où naquit, à Provins, le 2 novembre 1751, Pierre Bertin, le véritable introducteur de la sténographie en France.

Grenier consacre ensuite les derniers mois de l'année 1882 à l'achèvement de son œuvre capitale : la *Brie d'autrefois*. Il obtient gracieusement le concours d'un grand nombre d'artistes qui lui donnent des dessins et des croquis, et au printemps de 1883, il fait enfin paraître à la librairie Abel Bertier, à Coulommiers, cet ouvrage qui est comme le « meilleur de lui-même », suivant sa propre expression.

Le succès fut considérable, éclatant, et de tous côtés abondèrent les félicitations. La presse parisienne signala ce volume comme une tentative digne des plus grands encouragements, et souhaita de voir l'exemple donné par M. Grenier, suivi dans toute la France.

Quelque temps avant l'apparition de la *Brie d'autrefois*, Jules Grenier était nommé officier d'Académie et recevait une médaille d'honneur de la Société d'Instruction populaire pour ses travaux sténographiques. Quelques mois après, au commencement de 1884, la même Société lui décernait une médaille d'argent pour son livre d'études sur les *Mœurs et Coutumes de la Brie.*

Nommé vice-président de l'*Union sténographique de Seine-et-Marne* et membre de l'*Institut sténographique des Deux-Mondes*, il continue à se donner à tout et à tous, ne négligeant aucune occasion de se rendre utile à la jeunesse, acceptant même, malgré sa mauvaise santé, les fonctions de membre de la Commission chargée de juger l'aptitude des aspirants au certificat d'études primaires dans le canton de Crécy.

Un nouveau champ s'offrit bientôt à Grenier pour développer une fois de plus son activité. Le célèbre peintre paysagiste Amédée Servin, le fondateur de la colonie artistique de Villiers, était mort au printemps de 1884. Le village qu'il avait fait connaître par ses œuvres puissantes et exquises, ne pouvait laisser périr sa mémoire. Jules Grenier, le premier, comprit qu'il fallait perpétuer le souvenir du « Maître de la Vallée du Morin ». Secondé par des amis dévoués, il forma un comité et lança une souscription dans le but d'élever au grand artiste une modeste plaque commémorative dans Villiers même. Grâce à l'énergie et à la persévérance de Grenier, la souscription fit vivement son chemin ! il fallut dépasser le cadre dans lequel on voulait tout d'abord se renfermer et élever un véritable monument, qui fut inauguré le 2 octobre 1887. « L'ami Servin », comme on l'appelle toujours dans la Vallée, est là, vivant, ressemblant, en un superbe médaillon de bronze dû au ciseau du maître sculpteur Falguières !

Cet hommage rendu à un brave et grand artiste, ce monument qui fait aujourd'hui l'ornement de Villiers, sont véritablement l'œuvre de Grenier, et il est juste de le dire bien haut.

Vous croyez sans doute que Grenier se repose après ce succès ? Non, il est toujours sur la brèche, et, malgré la maladie qui le brise par instants, il apporte plus que jamais son concours aux œuvres, quelles qu'elles soient, utiles à sa province. La question d'un chemin de fer desservant le canton de Crécy est toujours à l'ordre du jour dans la vallée du Grand-Morin. Promis et attendu depuis vingt-cinq ans, ce chemin de fer est l'objet des vœux unanimes de toute la population. Dès qu'un projet est dans l'air, Grenier s'en empare, l'étudie, le discute et publie des articles dans les journaux de Meaux, véritables rapports que ne désavouerait pas un ingénieur.

Vers la fin de 1887, il fait paraître une brochure : *Les Chemins de fer d'Intérêt local en Seine-et-Marne,* œuvre conçue d'une façon originale et nouvelle, qui provoque un immense mouvement d'intérêt et de curiosité dans tout le département.

. . . .

En novembre 1888, je lui rendis visite à la maisonnette de Villiers, dans cette pièce qu'il avait su transformer en musée, au milieu de ces souvenirs qui étaient toute sa joie et toute sa vie; objets artistiques, croquis de peintres, portraits d'amis avec dédicaces, etc. Je le trouvai occupé à collectionner de nombreuses notes, autant de matériaux nouveaux pour une œuvre future.

Jules Grenier ne savait rien me refuser; j'obtenais de lui tout ce que je souhaitais, et souvent j'abusais de son amitié pour moi, — amitié que je lui rendais bien d'ailleurs. — Après avoir parcouru toutes ses notes, je lui dis brusquement : « Il faut publier un deuxième volume de votre *Brie d'autrefois?* »

Il allégua son mauvais état de santé, la pauvreté de ses documents, le peu de courage qu'il avait pour mettre tout cela à point, mais ne me répondit pas non. Bien au contraire, je partis avec une demi-promesse.....

Quelques jours après, le 2 décembre, il mourait presque subitement, emporté dans une crise.

Jules Grenier était « quelqu'un ». Avec une santé meilleure, c'est-à-dire la faculté de pouvoir travailler davantage, il serait assurément sorti du rang modeste dans lequel il est resté toute sa vie.

N'importe, il a droit à une place dans la galerie des Briards célèbres qui honorent leur pays par leur travail et leur intelligence, et son nom restera gravé dans l'histoire de la Vallée du Grand-Morin.

Ce n'était pas seulement un écrivain original et un artiste laborieux, c'était aussi un ami sûr et dévoué, et c'est pour moi un devoir bien doux de le déclarer publiquement.

G. Husson.

NOTES & SOUVENIRS SUR JULES GRENIER

I

Le 23 novembre 1888, l'*Indépendant de Seine-et-Marne* publiait un article de Jules Grenier.

Dix jours à peine après, le 2 décembre, on apprenait que Jules Grenier venait de mourir.

Il a donc travaillé jusqu'au dernier jour, ce brave garçon dont les souffrances étaient parfois intolérables. Il n'a eu ni arrêt, ni repos ; il est tombé sur la brèche, on peut presque ajouter : la plume à la main ! Il s'est vu mourir, sentant ses forces l'abandonner, mais jusqu'à son dernier souffle, jusqu'au moment suprême, il a combattu contre le mal avec une énergie sublime, rassurant et consolant les siens, puis s'éteignant sans secousse, sans tristesse, le sourire aux lèvres, comme il avait vécu.

Maintenant qu'il n'est plus, je tiens à dire tout le bien que je pense et de lui et de son œuvre ; je désire mettre en lumière l'utilité et l'importance de la tâche qu'il avait entreprise, — tâche honnête et patriotique, — de faire revivre ces anciens usages, ces vieilles coutumes qui sont comme un chapitre de l'histoire de France.

Ceux qui, comme moi, l'ont connu luttant chaque jour contre la maladie qui depuis tant d'années l'entraînait lentement vers la tombe, étaient frappés de sa persistance, de sa tenacité. Au milieu même des souffrances qui anéantissaient son corps, il travaillait, lisant, fouillant les documents, écrivant, l'esprit toujours alerte et vif.

C'est qu'il avait conscience de la valeur de l'œuvre qu'il avait entreprise, c'est qu'il savait qu'en recueillant ces anciennes mœurs de nos pères, il reconstituait une page de l'histoire de la Brie, et que la Brie, c'est un morceau de la France !

Cette pensée de se rendre utile dominait tout chez lui et lui donnait du courage et de la vaillance pour braver le mal.

On dit souvent que le style, c'est l'homme.....

Son style est simple, sans recherche, sans prétention, et sa phrase, vive et gaie, est toujours claire et dit suffisamment ce qu'elle veut dire. Sous une apparence légère, le récit est quelquefois empreint d'une philosophie douce et résignée, mêlée de regrets. Tout ce qu'il écrit est moral et sincère. Quand parfois il laisse percer une pointe d'ironie et de dédain à l'égard de ceux qui se moquent du passé et haussent les épaules si l'on parle des vieilles coutumes de nos pères, il ne manque jamais de faire oublier son mouvement de mauvaise humeur par un bon mot ou une anecdote plaisante.

Prenez n'importe lequel de ses récits, et toujours vous y trouverez une note émue et une espérance.

Il regrette, et bien sincèrement, ces amusements naïfs, ces veillées joyeuses, ces traditions d'un temps qui n'est plus, alors qu'on savait s'amuser simplement : mais il ne désespère pas de l'avenir, bien au contraire, et il termine toujours par un cri de confiance.

Il aime le vieux temps, mais le présent ne l'effraye pas. Il veut inspirer aux jeunes le respect des anciens, et il souhaite que le passé serve de leçon et d'enseignement pour l'avenir.

Tel est le but de son œuvre.

Jules Grenier laisse après lui « quelque chose », et ce quelque chose, — qui ne périra pas, — c'est sa *Brie d'autrefois*.

Le lendemain du jour où le volume fut mis en vente, le nom de Grenier était célèbre.

Le monde littéraire discuta son ouvrage, des fragments furent publiés dans plusieurs journaux de Paris et de la province, et de toutes parts les éloges arrivèrent dans la maisonnette de Villiers, sous forme d'articles et sous forme de lettres.

A cette époque, étant allé lui porter de vive voix mes félicitations, je le trouvai occupé à coller sur les feuillets d'un registre toutes les lettres qu'il avait reçues, tous les articles de journaux qui parlaient de son livre. Jamais je n'ai vu homme plus heureux et en même temps plus modeste dans son triomphe. Il me fit lire, les unes après les autres, ces preuves indiscutables de son grand succès, mais sans en tirer vanité, simplement parce qu'il savait tout l'intérêt que je portais à son œuvre et était heureux de me fournir ainsi une preuve de son amitié et de sa confiance.

II

C'est un jour, pendant que je lui rendais visite, qu'il me fit part de son projet d'honorer la mémoire d'Amédée Servin, le paysagiste célèbre, en perpétuant son souvenir par une plaque commémorative qui serait placée sur la maison où il était mort, à Villiers.

Son idée était empreinte d'un véritable esprit de justice. Servin avait, en effet, fait la fortune de Villiers en y attirant tous ces artistes distingués ou illustres qui ont fait de la vallée du Grand-Morin une succursale de la forêt de Fontainebleau.

Je lui fis quelques observations basées sur le surcroît de travail et de fatigue qu'il allait se créer, mais, comme lui, je ne doutais pas de la réussite.

Il obtint vite mon adhésion pleine et entière et me força à être son collaborateur.

— Mon état de santé, me dit-il, ne me permet pas de m'occuper utilement du côté pratique de la question. Faites-moi l'amitié de me seconder, et nous réussirons.

Je répondis oui bien volontiers, et sans remettre au lendemain, nous nous occupâmes, séance tenante, de la formation d'un comité.

Ce ne fut pas chose aisée. Il fallut écrire bien des lettres, frapper à bien des portes, mais Grenier était patient et persévérant, et avec ces deux qualités on réussit quand même.

Le comité formé, en grande majorité d'artistes amis de Servin, à qui offrir la présidence ? — A un artiste ! — En procédant ainsi, on risquait de froisser tous les autres. Grenier le comprit vite et il eut l'idée heureuse de s'adresser à notre excellent ami M. Barassé, alors maire de Crécy. M. Barassé accepta.

La souscription fut lancée, mais dépassa bien vite nos prévisions.

— Mon cher, dis-je un jour à Grenier, vous avez le don de faire réussir tout ce que vous touchez. Voilà votre plaque joliment loin. Qu'allez-vous faire ?

Ce succès ne l'étonna pas. « On remplacera la plaque par un monument », répondit-il ; et de fait, c'est un véritable monument qui aujourd'hui fait l'ornement d'une des places de Villiers.

Or, il est juste qu'on le sache, — et aucun des membres du Comité Servin, dont j'eus l'honneur de faire partie, ne me contredira, j'en suis bien convaincu, — ce monument élevé à la mémoire du créateur du Villiers artistique, cet hommage rendu à un vaillant et spirituel artiste, sont l'œuvre de Grenier qui, pendant plus d'une année, avec un courage que rien n'abattait, une persévérance admirable, y a consacré son temps et le peu de santé qu'il avait encore.

Le jour de l'inauguration, il y eut foule autour du monument et c'est au milieu des applaudissements que le président du Comité en fit solennellement la remise à la commune de Villiers. Grenier était là, naturellement, radieux du succès de son œuvre.

En revanche, la municipalité de la commune était absente ; elle jugea spirituel de s'abstenir et la place qui lui avait été destinée resta donc vide. Si je parle ici de ce léger incident, passé inaperçu, c'est parce qu'il a été pour Grenier une cause de véritable chagrin.

Bien longtemps après, il m'en parlait encore, et j'avais beau lui répéter que cette manifestation par l'abstention avait produit un effet opposé à celui que, sans aucun doute, ses auteurs se proposaient, il n'en restait pas moins désolé.

Le monument Servin deviendra plus tard un objet d'utilité. La base est, en effet, aménagée en fontaine, et lorsqu'un jour, on amènera dans ce coin les eaux de la source de Retz, tout ce quartier, privé d'eau actuellement, se rappellera que cette adaptation de l'agréable à l'utile est encore une idée de ce pauvre Grenier.

III

Dans ces derniers temps, l'activité de Grenier avait trouvé un nouveau champ pour se déployer : le chemin de fer de la vallée du Grand-Morin était une fois de plus à l'ordre du jour. Allait-on enfin l'avoir, ce chemin de fer toujours ajourné? Grenier le croyait bien, et je partageais ses espérances. Nous échangions à ce sujet lettres sur lettres.

L'Indépendant publiait des articles fort judicieux, signés *Jean Bonsens,* pseudonyme de Jules Grenier, dans lesquels tous les projets, par Meaux, par Esbly, par Thorigny, étaient discutés, analysés, raisonnés avec une exactitude, un soin, une érudition et une impartialité qui faisaient l'admiration, et, je puis ajouter, l'étonnement de tous.

Oui, ce brave garçon, que son infirmité clouait dans son village, ne lui permettant même pas d'en franchir les limites forcément restreintes, s'intéressait à une question de chemin de fer, et se passionnait pour tel ou tel tracé !

Longtemps il avait été, comme tous, partisan de la grande ligne devant relier Coulommiers à Esbly, par Crécy. Mais il avait vu tous les obstacles se dresser, infranchissables, en face de ce projet gigantesque et coûteux, et il s'était récemment rallié sans arrière-pensée, aux lignes d'intérêt local, les seules faisables aujourd'hui.

Il fit une étude approfondie de la carte topographique de Seine-et-Marne, s'entoura de conseils et de renseignements, pria des amis dévoués d'examiner sur le terrain les tracés possibles et, vers la fin de 1887, publia une brochure, *les Chemins de fer à voie étroite en Seine-et-Marne,* qui eut un retentissement considérable. Le premier peut-être, il eut l'idée de relier Crécy à Thorigny par une voie ferrée descendant la rive gauche du Morin et venant se souder, vers Serris, avec la ligne de Lagny à Villeneuve-le-Comte.

Puis, la brochure distribuée partout, il voulut créer,

dans le canton de Crécy, un mouvement en faveur de ces chemins de fer économiques, et pour ce, provoquer la formation de comités d'initiative composés des principaux propriétaires et industriels du pays. En agissant ainsi, dit-il dans une lettre adressée à un ami, on obligera bien les pouvoirs publics à s'occuper enfin de ce malheureux Crécy, de plus en plus délaissé et abandonné.

Il avait raison ! La mort est venue interrompre et briser tous ces projets qui n'avaient qu'un but : le bien public, et il est à craindre qu'ils ne soient morts avec leur auteur.....

Jules Grenier avait pour ses amis un véritable culte et sa mort fut pour tous un deuil cruel.

Je ne puis citer les mille faits qui sont présents dans mon esprit, où je l'ai vu se dévouer, se prodiguer pour rendre service à un ami.

Mais, puisque je parle des amis de Grenier, je dois dire quelques mots d'un digne et excellent homme qui avait une place à part dans son cœur et qui la méritait bien.

M. Berthier, car c'est de lui qu'il s'agit, était voisin de Grenier. Leurs rapports étaient fréquents, et presque chaque jour on les trouvait causant ensemble.

Maire de Villiers pendant de longues années, M. Berthier avait aidé de tout son pouvoir au développement de sa commune, favorisant l'immigration artistique, encourageant la jeunesse, administrant, en un mot, en bon père de famille, ce qui résume tous les éloges.

C'était, et c'est encore, — car, Dieu merci, il est toujours bien portant, — un homme de bien dans toute la force du terme, et Grenier, qui avait pour lui une admiration et un respect sans limites, aimait à le consulter sur tout ce qu'il voulait entreprendre.

A chacune de mes excursions à Villiers, je me fais un honneur d'aller serrer la main de l'ancien maire, et, comme Grenier, j'éprouve pour M. Berthier un sentiment d'affectueux respect.

La demeure est austère et patriarcale. On devine que les gens qui habitent là sont de braves gens, vivant de la vie de leurs ancêtres, honnête et douce, conservant sans honte et sans faiblesse les croyances et les traditions de ceux qui nous ont précédés, simplement, sans bruit, faisant le bien chaque fois que l'occasion se présente.....

..... Et, aux jours *sombres*, remplissant leur devoir sans broncher, on l'a vu en 1870, pendant l'invasion, alors qu'il y avait de l'héroïsme à rester à son poste.

Désormais, les trois noms : Servin, Grenier, Berthier, sont inséparables dans l'histoire de la prospérité de ce délicieux village qui s'appelle Villiers-sur-Morin.

IV

Grenier avait des amis partout. Sa main était toujours largement ouverte et son affabilité lui avait attiré la sympathie de tous.

Il aimait les jeunes, du fond du cœur. Quand il fonda ses cours gratuits de sténographie, où toute la jeunesse se donna bientôt rendez-vous, il oublia ses fatigues, ses souffrances, dans la joie de se voir entouré de disciples gais et remuants, et il enseigna cet art nouveau de l'écriture rapide, avec un succès très grand.

Il avait toujours le mot pour rire et, avec cet esprit gaulois qu'il possédait au suprême degré, il racontait comme pas un. Combien de fois me suis-je attardé sous le charme de sa conversation, à écouter des anecdotes locales !

Souvent, les jeunes filles du village venaient plaisanter avec lui et le consulter sur leur prochain mariage. Gravement, tout d'abord, il leur décrivait le futur rêvé, brun ou blond, mais toujours beau et riche ; puis, au moment où la belle espérait qu'il allait prononcer enfin le *nom* tant attendu, il prenait un air désolé et levait les bras au ciel :

— Allons bon ! disait-il, voilà que je te confonds encore avec la fille au père Jean-Jacques ! Le jeune homme que je viens de te décrire est pour elle et non pour toi. Pour toi, le pronostic est tout autre : tu es certaine de coiffer sainte Catherine !

Et de rire.....

Un autre jour, c'était un garçon qui voulait écrire à l'objet de sa flamme. Peu familiarisé avec le beau style et l'orthographe, il venait confidentiellement prier Grenier de lui tourner une lettre conforme aux jolies manières, aussi chaude que son cœur ; et le brave Grenier, heureux de rendre service à des jeunes et à des amoureux, s'exécutait de bonne grâce.....

Tous les genres lui étaient familiers, hors le genre ennuyeux.

Gai et riant avec les uns, sérieux et dévoué avec les autres, il était l'homme de tous les âges, de tous les milieux, de toutes les situations, et laissait de bons et durables souvenirs partout où il passait.

La mort est venue, ne lui permettant pas de terminer son nouvel ouvrage, le deuxième volume de la *Brie d'autrefois*.

Mais ces documents, qu'il a eu tant de peine à rassembler, ces récits écrits avec tant de difficultés entre deux crises seront un jour retrouvés, il faut le souhaiter ; et alors, ses nombreux amis considéreront comme un héritage sacré le soin de faire connaître les dernières pages de l'écrivain briard.

V

Il y aurait un charmant volume à faire avec la correspondance de Grenier, toujours intéressante et spirituelle. Les lettres que je possède sont de petits chefs-d'œuvre d'esprit et de sentiment.

En voici une, prise au hasard. Elle a trait à sa *Biographie*, que je venais d'achever. Le brave garçon a toujours peur d'être indiscret, gêneur, encombrant. Il m'envoie un mot pour me dire que le *Panthéon du Mérite* publiera le 31 août la biographie en question, et aussitôt je lui réponds que je désire *tant* d'exemplaires, vingt ou quarante, je ne sais plus au juste. Là-dessus, il pense que je me crois obligé de prendre à ma charge ces exemplaires, et il s'excuse de s'être mal expliqué et me demande volontiers pardon pour une faute qui n'a pas été commise, car sa lettre première ne contenait nullement l'obligation de prendre peu ou beaucoup d'exemplaires et c'est de mon plein gré et pour ma satisfaction personnelle que je demandais plusieurs numéros du *Panthéon du Mérite*.

Voici un passage de sa deuxième lettre :

« A peine ma dernière lettre était-elle partie que j'au-
» rais bien désiré la retenir. Je m'étais laissé aller là, en
» effet, à une foule de considérations personnelles que
» j'aurais beaucoup mieux fait de garder pour moi, at-
» tendu qu'elles pouvaient trop bien être interprétées
» comme une sorte de mise en demeure de prendre des
» exemplaires. Je ne m'en étais pas aperçu en écrivant ;
» c'est après que la réflexion m'est venue, et la récep-
» tion de votre réponse me fait craindre, en effet, que
» vous n'ayez ainsi jugé cette maudite missive. Là n'était
» cependant pas mon idée, je vous le jure ! N'avez-vous
» pas déjà trop fait, d'ailleurs, en vous donnant la peine
» de me rendre célèbre, sans que je vienne ainsi abuser
» une seconde fois de votre amabilité à mon égard !.....
» Mais peut-être aussi mes craintes sont-elles exagérées
» et n'avez-vous nullement interprété dans ce sens les
» termes de ma lettre ? Dites-le moi, mon cher ami, car je
» serais désolé que vous ayiez pu croire un seul instant
» que j'essayais de vous imposer une nouvelle obligation. »

Et cette lettre, si sincère, si pleine de cœur, se termine par ces mots :

« Dieu ! qu'il est bon de causer avec vous ! de profiter
» d'un petit moment de calme dans mon état nerveux,
» mais la place va me manquer et je me hâte de vous en-
» voyer d'ici ma poignée de main la plus affectueuse. »

Oh ! oui, Jules Grenier est bien un être « bon, résigné

et aimable », comme l'écrivait récemment M. Abel Bertier. C'est aussi un philosophe, content dans sa simplicité, heureux dans son malheur.

Puisque j'ai parlé de la *Biographie Grenier,* il est, à ce sujet, une légende que je dois détruire.

On pense volontiers que cette biographie a été écrite sur l'invitation de Grenier et d'après son initiative, en un mot pour satisfaire son amour-propre.

C'est une erreur absolue. Grenier était bien trop modeste pour m'avoir fait une semblable proposition.

La vérité est que sa biographie était depuis longtemps réclamée par le directeur du *Panthéon du Mérite,* M. Chapelot, qui voulait faire connaître aux lecteurs de sa revue l'auteur de la *Brie d'autrefois.*

Grenier restait toujours sourd à cette demande. Cependant, après une nouvelle et pressante lettre en date du 19 juillet 1888, — cette lettre est en ma possession, — dans laquelle M. Chapelot lui disait qu'il serait très désireux d'avoir une réponse affirmative, il finit par consentir.

Il fallait un ami le connaissant assez pour pouvoir écrire impartialement l'histoire de sa vie modeste, toute de travail et de dévouement. Il s'adressa à moi et je me fis un plaisir de lui donner cette preuve de bonne amitié.

VI

Dans les pages inachevées de Grenier, peut-être trouvera-t-on l'ébauche d'un tableau qu'il méditait depuis fort longtemps avec un soin particulier, une sollicitude spéciale.

La Messe de minuit au village, tel est le titre de cette étude projetée. A-t-il eu le loisir d'écrire ce récit, qu'il destinait au deuxième volume de la *Brie d'autrefois?* Je n'ose l'espérer, car, dans une de ses dernières lettres, il m'annonce que ce sujet est enfin mûr dans son cerveau et qu'il va pouvoir l'écrire dès qu'il se sentira mieux.

Le mieux, hélas ! n'est pas venu !.....

Il me parlait souvent de cette *Messe de minuit,* et je me rappellerai toujours le tableau délicieux et saisissant à la fois qu'il me fit de la nuit de Noël à la campagne.

En voici le résumé :

Le ciel noir, de la neige partout. Un froid terrible. Par les chemins défoncés, les paysans des hameaux descendent au village en groupes : garçons et filles d'abord, ouvrant la marche ; parents ensuite ; vieillards enfin. Ces derniers, voûtés, cassés, avançant péniblement appuyés sur un bâton, le corps usé et las, mais l'esprit joyeux, et le cœur toujours vigoureux et gai.

Pendant que les jeunes chantent et s'amusent en avant, tandis que les paysans causent du temps et des récoltes,

— les vieux, en arrière, se racontent des histoires d'il y a cinquante ans et rient des bonnes farces d'autrefois !

En entrant dans le village, on passe devant le cimetière dont le mur bas cache à peine les tombes. Les croix chargées de couronnes se dressent, nombreuses et tristes, à peine visibles dans l'obscurité.

Les chants et les jeux cessent, les conversations s'arrêtent et tous instinctivement tournent la tête du côté du champ éternel.

Là reposent les grands parents et les aïeux des aïeux depuis des siècles. Là sont aussi ceux tombés avant l'âge, frappés injustement par la mort aveugle, enfants et adolescents qui ne demandaient qu'à vivre. Là nous irons bientôt pensent les vieillards, qu'une tristesse soudaine envahit. Là nous serons un jour, murmurent les autres, puisque la mort est le but de la vie.

Heureusement, la cloche de l'église se fait entendre, sonnant à pleines volées dans la nuit profonde.

La gaieté revient vite dans l'âme de ces braves gens qui saluent d'un dernier regard le vieux cimetière et pénètrent dans le village.

Derrière chaque porte entr'ouverte, une lumière brille, éclairant les derniers apprêts du réveillon ; et dans les cheminées, les longues flammes grimpent, léchant le mur noir.

Dans l'église, aux voûtes larges et hautes, les cierges allumés jettent une clarté vague qui fait paraître encore plus sombres les coins perdus dans l'ombre.

Silencieux et recueillis, les fidèles entrent et gagnent leur banc, après avoir secoué, sous le porche, leurs sabots pleins de neige.

Le prêtre monte à l'autel, l'enfant de chœur agite sa sonnette et la messe commence. Les fronts se penchent, les têtes s'inclinent et chacun, se rappelant les prières de l'enfance, « cause avec Dieu. »

. . . .

Et Grenier entrait ensuite dans des détails locaux d'une originalité charmante. Je voudrais pouvoir les reproduire, mais mes souvenirs ne sont plus précis.

J'ai souvenance seulement qu'il se dégageait de son récit une conviction, une sincérité qui réjouissaient. C'est que Grenier était un croyant que rien ne parvenait à éloigner de sa foi, ni les prétendus progrès, — dans le domaine de la pensée, — d'un siècle sceptique (pour me servir d'une expression qui lui était familière) ni les exemples fréquents, hélas ! de gens repoussant Dieu pour adorer...... le diable.

VII

Il me reste à dire quelques mots de Grenier journaliste.

Il le fut, en effet, et les journaux de Meaux n'ont jamais eu de collaborateur plus exact, plus consciencieux. Dès qu'un fait, un événement, petit ou grand, se produisait à Villiers ou dans les environs, il le rendait populaire en lui consacrant des articles, spirituels ou graves, suivant le cas, que la presse locale insérait avec empressement.

Ces écrits, faits au courant de la plume, lui fournissaient presque toujours l'occasion de conter une anecdote ou de citer un bon mot, et ses articles, lestement tournés, faisaient la joie de ses compatriotes.

Mais il fût naturellement victime de ce qui se produit toujours en pareil cas : on lui attribua la paternité de tous les articles, bons ou mauvais, — mauvais surtout, — qui étaient précédés des mots : Villiers-sur-Morin, et cela le contrariait énormément et l'obligeait à modérer sa verve.

Il jurait ses grands dieux que c'était fini, qu'il n'écrirait plus dans les journaux ; puis, quelques jours après, la force de l'habitude reprenait le dessus, et il recommençait à écrire de plus belle.

Pauvre Grenier, en as-tu fait des articles, et surtout, en a-t-on mis sur ton compte !....

Celui qui écrit ces lignes sait, par expérience, combien il est énervant et exaspérant de se voir attribuer comme bagages un tas de colis qui ne vous appartiennent pas, comme famille une quantité d'enfants inconnus !

Il s'efforçait donc de consoler Grenier de ses ennuis, et il réussissait si bien que tous deux, invariablement, finissaient par rire, en reconnaissant qu'il n'y avait pas, dans tout cela, de quoi se fâcher.

Une souscription est ouverte pour élever un monument, dans le cimetière de Villiers, sur la tombe de Jules Grenier.

Je ne sais quelle inscription on gravera sur la pierre, mais je ne pense pas qu'il en existe une plus véritablement juste que :

Ici repose
Jules Grenier
Auteur de la « Brie d'autrefois »
Propagateur de la Sténographie
en Seine-et-Marne.

Et plus bas, avant les deux dates extrêmes de sa naissance et de sa mort, 1844-1888, ces simples mots :

Regretté de tous.

Cette phrase, souvent banale, ne serait, en cette circonstance, que l'expression exacte de la vérité.

G. Husson.

(L'*Indépendant de Seine-et-Marne*, décembre 1888.)

MORT DE JULES GRENIER

ARTICLES NÉCROLOGIQUES

Nous apprenons avec une vive douleur la mort de Jules Grenier, officier d'académie, directeur-fondateur de la *Gazette sténographique*, vice-président de l'Union sténographique de Seine-et-Marne, membre de l'Institut sténographique des Deux-Mondes, etc., etc., décédé dimanche 2 décembre 1888, à Villiers-sur-Morin.

Une longue et douloureuse maladie le tenait depuis longtemps éloigné du monde; mais le souvenir de son affable charité, de sa bienveillance, de ses grands sentiments et de sa haute courtoisie, demeurera très vif dans les cœurs.

M. Jules Grenier collaborait depuis un certain nombre d'années à l'*Indépendant de Seine-et-Marne*; ses articles étaient appréciés de tous nos lecteurs, qui perdent en lui, ainsi que nous, un écrivain d'une intelligence profonde et d'un rare mérite, ainsi qu'un ami.

Le défunt était frère d'un honorable cultivateur de Villiers-sur-Morin : sa vieille mère, qui ne cessait de l'entourer de ses soins les plus affectueux, l'a vu mourir.

Un fait incroyable et qui montre à quel degré l'esprit, l'intelligence, survivaient chez cet homme, c'est que, sentant sa mort prochaine, il avait fait lui même le modèle de ses billets de faire-part, et avait écrit à un de ses amis, M. P. Berthier, de Villiers, en lui recommandant de prendre une voiture, de passer chez lui, et d'aller commander de suite ses lettres de décès.

En voyant finir cette trop courte et belle carrière d'honnête homme, on ne peut que l'admirer, alors que cette mort sera suivie des larmes des pauvres comme des regrets de tous ceux qui l'ont connu.

En cette circonstance, nos amis s'associeront à la douleur que nous éprouvons de la perte de cet homme de bien, et l'*Indépendant de Seine-et-Marne* offre à sa famille éplorée l'expression de ses sentiments de vive condoléance et de respectueuse sympathie.

MARGUERITE DUPRÉ.

(*L'Indépendant de Seine-et-Marne*, 5 décembre 1888.)

Lundi 3 décembre, je recevais la lettre suivante qui me plongeait dans la plus douloureuse stupéfaction :

« Villiers-sur-Morin, 3 décembre 1888

« Cher Monsieur Toupy.

« De la part de Mme veuve Grenier, je vous annonce la mort de M Jules Grenier, son fils.

« L'enterrement aura lieu à Villiers-sur-Morin, mardi « 4 courant, à 2 heures après-midi.

« Recevez Monsieur, mes salutations empressées.

H. Lheullier.

Quelques jours auparavant encore, Grenier m'écrivait au sujet de notre concours départemental ; pouvais-je m'attendre à une fin si prompte ?

Le monde sténographique a fait en lui une perte irréparable. Voici en quels termes, notre cher Président, M. Schindler, l'apprécie dans une lettre qu'il m'écrit le 3 décembre :

« ....« Je ne m'attendais pas à cet événement, nous perdons un cœur d'or. Son dévouement et sa bonté ne sont connus et appréciés que par ses intimes, et c'est pour cela même que nous pouvons juger mieux que tout autre la perte immense que nous venons de faire.

Nous lui adressons un suprême adieu, avec l'espoir que le témoignage de notre affliction et la part que nous prenons au deuil de sa famille et de ses amis pourra adoucir quelque peu l'amertume de leur douleur. »............»

F. Toupy.

(*La Gazette sténographique*, n° 13 — décembre 1888.)

LA PRESSE DU DÉPARTEMENT ET LA MORT DE JULES GRENIER

Tous les journaux du Département ont publié des articles dans lesquels ils déplorent la perte de notre ami, nous tenons à remercier les directeurs du *Publicateur*, de l'*Indépendant*, du *Journal de Seine-et-Marne*, de l'*Echo de la Brie*, de l'*Electeur* (de Meaux), de l'*Eclaireur de Coulommiers*, des *Affiches* et du *Briard* de Provinsi qui ont bien voulu nous adresser les numéros contenant les articles publiés.

Nous nous permettons de reproduire les deux suivants à cause des liens d'amitié qui unissent leurs Directeurs à notre regretté défunt.

« Nécrologie. — Nous avons la profonde douleur d'apprendre à nos lecteurs la mort de M. Jules Grenier, décédé dimanche dernier à Villiers-sur-Morin, son village natal, à l'âge de 44 ans.

» M. Jules Grenier était une des figures les plus sympathiques que nous connaissions. Atteint dès le bas-âge d'une maladie terrible qui lui enleva l'usage de ses jambes, forcé dès lors de rester dans sa famille sans avoir la joie de lui être utile au sens matériel du mot, il voulut du moins consacrer le peu de force qui lui restait à des travaux intellectuels qui servissent ses concitoyens et lui donnassent à lui-même un peu de ce bonheur que lui refusait la nature ; on le vit parcourir péniblement la vallée du Morin et recueillir aux lèvres des anciens du pays les traditions, les légendes, les vieux chants, les contes de la veillée, pressant les souvenirs, copiant les airs, prenant des notes, ressuscitant les antiques usages, et ramassant ainsi petit à petit les matériaux d'un ouvrage qu'il fit paraitre en 1883 sous ce titre : *La Brie d'autrefois* (mœurs et coutumes de la vallée du Grand-Morin) et qui obtint un légitime succès. On lui doit aussi le *Journal d'un mobile de Seine-et-Marne* (compagnie du canton de Crécy) à la défense de Paris.

» Adepte enthousiaste de la *Methode de sténographie* Duployé, il fut l'infatigable propagateur de cette méthode dans le département de Seine-et-Marne et fonda pour son expansion la *Gazette sténographique*, qu'il dirigea seul tant qu'il put tenir la plume sans fatigue : ses nombreux et utiles travaux en ce genre lui valurent en 1882 les palmes d'officier d'Académie. »

Nous connaissons depuis longtemps M. Jules Grenier, non seulement comme un écrivain charmant mais comme un grand cœur, un ami sûr et dévoué, une âme d'élite admirable par sa résignation aux coups répétés du sort.

Abel Bertier.

LES OBSÈQUES

Les obsèques de Jules Grenier, notre collaborateur et ami, ont eu lieu mardi 4 décembre 1888, à 2 heures, en l'église de Villiers-sur-Morin.

Outre la famille nous avons remarqué parmi les assistants : Mme la comtesse A. de Moustier, M le comte Renaud de Moustier, Mme Vernois, M. La Perre de Roo, propriétaire du château de Villiers ; M. G. Husson, M. Bilan, M. Gauthier, M. Couteau, architecte, M. Didier, officier de l'Instruction publique, MM. Abel Bertier et le Directeur de l'*Indépendant*, MM. Boëtzel, Serrier, Grenier Albert, Langeval, Cinot, Saint-Alary, artistes peintres ; plusieurs rédacteurs de la presse parisienne, et une foule d'amis du défunt.

Cette affluence nombreuse peut être évaluée à environ 600 personnes.

La Compagnie des sapeurs-pompiers au complet, et la Société des Membres honoraires s'étaient fait un devoir d'accompagner leur compatriote et ami au champ du repos.

Nous avons l'avantage de pouvoir reproduire ci-après les discours qui ont été prononcés sur la tombe de notre cher et regretté Grenier.

MARGUERITH-DUPRÉ.

Allocution de M. le comte Renaud de Moustier.

« Messieurs,

Je suis certain d'éveiller dans vos cœurs un sympathique écho en adressant quelques mots d'adieu à celui que nous venons de conduire à sa dernière demeure ; mais vous me pardonnerez si l'expression de ma pensée demeure au-dessous de cette pensée même : j'avais pour Jules Grenier une si vive estime, une si profonde affection, le coup qui nous à frappés a été tellement rapide que je ne me sens pas aujourd'hui une liberté d'esprit suffisante pour le louer comme il mérite de l'être. Il me semble le revoir encore tel qu'il m'est apparu si souvent, tel qu'il m'apparaissait encore il y a quelques jours à peine : le sourire aux lèvres, la main largement ouverte, conservant jusqu'au bout ce vigoureux bon sens qui est la philosophie mise à la portée de tous les esprits, et cette bonhomie charmante qui est la philosophie mise à la portée de tous les cœurs. Tels étaient en effet les deux traits caractéristiques de sa nature ; je me trompe, il faut en joindre un troisième : une indomptable énergie. Grenier était de ceux dont on peut dire qu'il y a en eux une âme vaillante, maîtresse du corps qu'elle anime ; le sang, repoussé des extrémités, semblait chez lui avoir afflué au cœur et au cerveau.

L'œuvre dont le souvenir restera le plus indissolublement uni au nom de Jules Grenier est la propagation de l'enseignement sténographique dans notre département. Pénétré de l'excellence de ces méthodes nouvelles et de l'influence qu'elles pouvaient avoir sur la diffusion des idées et le développement de l'instruction populaire, il s'en fit l'apôtre infatigable, fondant la *Gazette sténographique* et le *Cercle sténographique*, reproduisant discours et conférences, cherchant par la théorie et la pratique à faire pénétrer ses convictions dans tous les esprits. Les palmes d'officier d'académie ont été la légitime récompense de ses efforts et de ses succès.

Mais Grenier ne se contentait pas de reproduire, avec la rapidité de l'éclair, la pensée des autres : il était, lui aussi, un écrivain de talent. Vous avez tous lu sans doute et vous relirez ce livre où il a retracé d'une plume si jeune, si alerte, si spirituelle, les coutumes et les légendes de notre vieux pays de Brie. C'est qu'il était Briard jusqu'au bout des ongles ; appartenant à une des familles les plus anciennes et les plus respectées de ce pays, il était animé de ce patriotisme local qui est une transition naturelle entre le culte du foyer et l'amour de la grande patrie ; il savait que pour bien aimer son pays il faut l'aimer dans le présent et dans le passé, et que la tradition est le germe du progrès.

Il avait déjà pris la plume au lendemain de ces terribles journées où les enfants de Seine-et-Marne montrèrent qu'ils savaient manier le fusil aussi bien que la charrue. Je suis plus embarrassé pour parler du *Journal d'un Mobile ;* ce que je puis dire, c'est qu'à côté de certaines pages où les petits incidents de la vie de campagne sont racontés avec beaucoup de verve et d'entrain on en trouve d'autres où les émotions de la bataille, les angoisses des campements par vingt degrés de froid sont exprimées d'une façon si saisissante qu'on croirait que celui qui s'en est fait l'historien, en collaboration avec son frère, a été le témoin des scènes qu'il raconte, et que Jules et Alphonse Grenier ne sont qu'une seule et même personne.

Que vous dirais-je encore ? Grenier était l'homme de toutes les initiatives. Lorsque la commune de Villiers voulut honorer la mémoire d'un de ces artistes auxquels elle doit, à chacune de nos expositions annuelles, une célébrité enviée, il prit la plume, organisa un comité, et, à sa voix, les cœurs et les bourses s'ouvrirent pour participer à l'érection du monument de M. Servin. Cette plume, il l'a tenue jusqu'à son dernier jour, envoyant aux journaux tantôt des chroniques pétillantes de gaieté et de douce malice, tantôt des articles sur les questions touchant aux intérêts du canton de Crécy, encourageant les uns, gourmandant les autres, aimant en tout la franchise, la clarté et le courage.

Et maintenant tout est fini, car les hommes n'ont, hélas ! qu'un peu de terre et un peu de fumée à donner à ceux qu'ils ont le plus aimés. Dieu seul peut égaler la récompense au mérite, la réalité à l'espérance. Regardez donc là-haut, pauvre mère qu'il aimait tant et qui l'avez soigné avec tant de tendresse et de dévouement, et vous, mon cher camarade, qui étiez si uni à votre frère et si fier de porter son nom ! Nous le retrouverons un jour.

A revoir mon cher Grenier, à revoir.

Allocution de M. Boetzel, artiste graveur.

Disons un suprême adieu devant la tombe qui va se refermer pour toujours à ce brave et vaillant ami Jules Grenier, tant estimé et tant aimé de tous.

Si ce regretté ami n'a pas été privilégié de la nature au point de vue physique, il était en revanche organisé supérieurement, au point de vue intellectuel, et quoi qu'il n'ait pas pu, à cause du terrible accident qui l'a frappé dans sa jeunesse, suivre d'une façon militante la vocation pour laquelle il était destiné, il a su prendre rang, par ses travaux littéraires et sa belle intelligence, au tableau où sont inscrits les citoyens qui ont fait quelque chose d'utile pour l'humanité.

Grenier était doué d'un caractère droit et généreux, d'un esprit élevé et juste, et sur sa physionomie sympathique et douce on pouvait lire les nobles sentiments renfermés dans son cœur.

Aussi avait-il l'estime et l'amitié de tous ses compatriotes. Les artistes particulièrement ne sauraient manquer de lui exprimer une dernière fois leur hommage de reconnaissance pour avoir toujours été leur champion et leur défenseur chaleureux et désintéressé.

C'est à lui qu'on doit la noble initiative du monument élevé à la mémoire du peintre de talent tant regretté, Servin.

Qu'on n'oublie pas les belles actions et les services rendus par cet honnête et digne citoyen.

Adieu, Jules Grenier, adieu !

Allocution de M. Henri LHUILLIER, sténographe.

Cher maître et ami,

Je viens au nom de tous les élèves ayant suivi avec succès les cours de sténographie, te dire un suprême et éternel adieu.

Ton mérite était d'autant plus grand que tes leçons étaient données gratuitement, c'est-à-dire par pur dévouement aux idées progressives.

Cette écriture abrégée, qui permet de suivre mot à mot le discours de l'orateur le plus habile et de le reproduire littéralement, tu l'as acquise à l'âge adulte, sous l'intelligente direction de MM. Duployé frères, auteurs de la plus excellente des méthodes de sténographie.

Une fois ton rôle de disciple terminé, tu as voulu devenir apôtre en enseignant aux autres ce que tu possédais si bien ; les succès ont couronné les efforts de beaucoup d'entre nous et le mérite t'appartient de droit.

Notre reconnaissance t'est depuis longtemps acquise, mais nous avons à cœur de l'exprimer publiquement devant ta tombe entr'ouverte.

Ta vie a été synonyme de dévouement, nous devons te rendre cette justice.

Adieu, cher maître et ami, tu nous quittes en emportant dans ta tombe nos regrets les plus sincères.

Adieu, cher ami, que la terre te soit légère.

Allocution de M. Gondard, instituteur.

Mon cher ami Jules,

Avant de laisser refermer la tombe où tu vas reposer à jamais, il est de mon devoir de dire un dernier adieu à mon compatriote, à mon camarade d'enfance, à l'ami intime qui m'a toujours confié ses aspirations, ses joies, ses déceptions, et que je n'oublierai jamais !

A l'âge de quatre ans, une terrible maladie, — la fièvre typhoïde, — t'a privé, jusqu'à la mort, de l'usage de tes jambes. Etant enfants, mes camarades et moi, nous regrettions tous cette fatalité qui t'excluait de nos jeux en commun, mais nous t'aimions, car tu étais bon, sincère, et tu n'as jamais dévié de cette voie.

Par contre, ton intelligence s'est développée pendant que ton corps s'affaiblissait, et ton ardeur pour l'étude excitait notre émulation.

Tel je t'ai connu enfant, — toi, mon aîné de trois jours, — tel je t'ai retrouvé adulte, ayant de plus cette maturité de caractère, cet esprit de droiture qui présageaient une nature d'élite.

Te voyant dans l'impossibilité de te livrer à aucun travail manuel, à cause de ton infirmité physique, et ayant à cœur de jouer un rôle utile sur cette terre, tu as mis à profit tes facultés intellectuelles. Tu n'as rien négligé dans ce but très louable : lectures fréquentes, étude des coutumes locales, étude et propagation de la sténographie Duployé, etc., etc., « Volonté et persévérance, » telle fut ta devise !

Toutes les sociétés d'encouragement au bien te comptaient parmi leurs membres, et ton concours empressé et désintéressé était toujours acquis aux œuvres humanitaires !

Qui ne se rappelle ton abord plus qu'agréable, ta gaieté originale et spirituelle, empreinte de ce cachet humoristique qui attire la sympathie ?

Aussi, en voyant autour de ton cercueil, cette assistance nombreuse et recueillie, n'avons-nous pas lieu d'être étonnés : cette affluence de parents et d'amis est en raison directe de l'estime que tu as su acquérir !

Je garderai le silence sur la valeur de tes productions littéraires : je les connais toutes, mais je laisse à des juges plus compétents, à le presse locale — dont tu as été le dévoué collaborateur — le soin et le devoir de faire ton éloge.

La destinée t'enlève à l'affection de tous, et tu emportes dans la tombe les plus sincères regrets de tous ceux qui t'ont connu !

Une autre tristesse s'empare de moi. Ta bonne mère, que tu n'as jamais quittée, et dont les soins incessants ont prolongé ton existence, aurait besoin plus que jamais de ta présence : sa vieillesse réclame un rayon de soleil, et tout à coup l'horizon s'obscurcit !

O cruelle destinée !

A ta mère, nos plus sincères compliments de condoléances !

Adieu, mon cher Jules, repose en paix et dors du sommeil des justes !

D'autres discours devaient encore être prononcés : l'un, par M. G. Husson, l'ami fidèle, le confident de Grenier, l'auteur de la Biographie parue tout récemment dans le *Briard*, l'autre par M. Abel Bertier, l'éditeur de la *Brie d'autrefois*.

Ces Messieurs, pour ne pas prolonger davantage cette triste cérémonie, ont spontanément renoncé à prendre la parole sur la tombe de leur ami.

(*L'Indépendant de Seine-et-Marne*, 7 décembre 1888.)

LE COMITÉ JULES GRENIER

C'est aux sténographes, collègues ou disciples de Jules Grenier, que revient l'honneur d'avoir formé un Comité et ouvert une souscription, dans le but d'élever un monument à l'auteur de la *Brie d'autrefois*, au propagateur de la sténographie en Seine-et-Marne.

Ce Comité est ainsi formé :

M. DEPOIN, *Président d'honneur*.

M. SCHINDLER, *Président*.

M. A. BARASSÉ, *Vice-Président*.

M. TOUPY, *Secrétaire*.

M. Henri LHUILLIER, *Trésorier*.

MM. Georges HUSSON, Abel BERTIER, P. BERTHIER, Georges MOINET, ALLAIRE, *Membres*.

Le succès a couronné les efforts de tous ces amis dévoués, et au moment où paraissent ces lignes, la souscription atteint le chiffre de 1,120 francs. On trouvera plus loin les noms des souscripteurs.

Dans sa séance du 24 avril 1890, le Comité a définitivement arrêté l'emploi des fonds provenant de la souscription :

1° Une plaque commémorative sera posée sur la maison de Jules Grenier. Elle portera l'inscription suivante :

JULES GRENIER
Auteur de la « Brie d'autrefois »
Propagateur de la sténographie
en Seine-et-Marne
a vécu et est mort
dans cette maison.
1844-1888.

2° Un monument sera élevé dans le cimetière, sur la tombe de Jules Grenier.

3° Une brochure contenant un résumé de la vie et des travaux de Jules Grenier sera éditée et mise en vente. Elle constituera le couronnement littéraire de l'hommage rendu à sa mémoire et complètera l'œuvre du Comité.

Liste des souscripteurs.

L'Union sténographique de Seine-et-Marne.

La Société sténographique de Bretagne.

L'Union des Ecoliers sténographes, à Dondeville.

MM. J. Depoin, à Paris. — Schindler, à Paris. — A. Barassé, à Crécy. — Toupy, à Paris. — H. Lhuillier, à Villiers-sur-Morin. — G. Husson, à Couilly. — Abel Bertier, à Coulommiers. — P. Berthier, à Villiers-sur-Morin. — G. Moinet, à Crécy. — Allaire, à Lagny. — Paris, à Crécy. — E. Duployé, à Aizelles. — J. Noailles, à Paris. — Mme Tony Ferdinand, à Villiers-sur-Morin. — C. Cateloup fils, à Crécy. — D. Guillemot, à Villiers-sur-Morin. — Mme veuve Desplanches, à Villiers-sur-Morin. — L'abbé Morin, à Villiers-sur-Morin. — le comte Renaud de Moustier, à La Chapelle. — Guillard, à Corbeil. — Glindziez fils, à Versailles. — Lévesque, à Villeneuve-St Denis. — Billan, à Chelles. — Vallerie-Prévost, à Paris. — L. Gondart, à Paris. — Graillot, à Asnières. — M. et Mme Ludmann, à Melun. — J. Lauzières, à Aiguesvives. — Martel, à Chagny. — H. Fraison, à Couilly. — Dauvergne, à Saint-Germain-lès-Couilly. — L. Bizet, à Montaigu. — Gruault, à Crécy. — Mme veuve Philippe, à Paris. — A. Lauzières, à Aiguesvives. — Guenez, à Monthyon. — L. Lauzières, à Aiguesvives. — J. Méa, à Crécy. — Duquesne, à Paris. — A. Cottin, à Villiers-sur-Morin. — Le baron de Laage, à Sedan. — Vautrain-Douet, à Villiers. — Dr Glindziez, à Couilly. — Mansuy, à Epinal. — Lenient, à Paris. — Mme veuve L..., à Villiers. — F. Tony, à Paris. — Lhuillier-Dhérot, à Villiers. — L'abbé Gadon, à Crécy. — A. Leroux, à Saint-Germain. — Pottier, à Crécy. — C. Hutin, à Paris. — Frénoy, à Neufmontiers. — A. Philippotain, à Villiers. — La Perre de Roo, à Villiers. — E. Giverne, à Villiers. — Mme veuve J. Gaudin, à Ozouer-la-Ferrière. — Vanetel, à Paris. — E. Grongnet, à Meaux. — Less, à Paris. — Webert, à Argenteuil. — Oudart, à Coulommiers. — Pottier, à Paris. — V. Avart, à Paris. — J. Gaudin, à Villiers. — A. Jardin, à Crécy. — L. et G. Grégoire, à Crécy. — Mme Abaté, à Crécy. — Mme veuve Drevault, à Villiers. — Louis Pottier, à Voulangis. — Lucien Pottier, à Voulangis. — Richardet, à Paris. — Mme veuve Vernois, à Coutevroult. — Marguerith-Dupré, à Meaux. — L. Curt, à Paris. — O. Chobert, à Villiers. — Mongrolle, à Crécy. — Martin père, à Bouleurs. — J.-L. Leroux, à Crécy. — J. Angevin, à Alger. — J. Vaudescal, à Quincy. — H. Picard, à Villiers. — Langeval, à Paris. — Chenel, à Coulommiers. — Carillon, à Coutevroult. — L. Ancelin, à Courbevoie. — Mogeon, à Lucens. — Z. Cousigny, à Montouzain. — G. Gaudin, à Saints. — L. Pottier, à Coutevroult. — A. Blaise, à Villiers. — Hudin, à Crécy. — Mlle L. B..., à Villiers. — Martin fils, à Bouleurs. — Morel fils, à Voulangis. — E. Leroux, à Crécy. — Un ami de Grenier. — Bois, à St-Martin-lès-Voulangis. — Fleureau, à La Chapelle. — Mahé, à Bellevue. — Goulas, à Villiers. — Mlle A. Vauchair, à Noisy-le-Sec. — A. Grenier, à Villiers. — P. François, à La Celle-Dunoise. —

Ducrey. — X. Spaeth, à Villiers. — Roux, à Provins. — Edouard de Moustier, à Paris. — Hugues, à Crécy. — Lefèvre, à Montry. — Hémonot, à Crécy. — Geffroy, à Cherbourg. — A. Dewael, à Paris. — J. Grenier, à Voulangis. — Mainguet, à Fontenay-sous-Bois. — Caron, à Crécy. — Mme Rain, à Noisy-le-Sec. — Mme veuve Lainé, à St-Germain-lès-Couilly. — D. Landard, à Choisy-le-Roi. — M. et Mme E. Levesque, à Paris. — Les enfants de M. et Mme E. Levesque. — M. et Mme Andreatt, à Paris. — M. et Mme Maraudet-Levesque. — J. Chapelot, à Bordeaux. — Un admirateur de Grenier. — Mme L. Chobert. — Raoult, à Villiers. — Noël, à La Chapelle. — Davril, à Lille. — Biez, à Coulommiers. — A. Geoffroy, à Ussy. — A. Le Blondel, à Meaux. — Louis Gondard, à Villiers. — Edmond Ancelin, à Villiers.

Etc.

LA « BRIE D'AUTREFOIS » JUGÉE PAR LA PRESSE

EXTRAITS DES JOURNAUX PROVINCIAUX ET PARISIENS

La *Brie d'autrefois*, tel est le titre d'un fort intéressant ouvrage que M. J. Grenier vient de faire paraître.

L'auteur, en mettant son livre à la portée du public, n'a eu qu'un but ; réunir toutes les vieilles coutumes de la Brie, tous les vieux refrains malheureusement trop oubliés de cette belle contrée et par des récits pleins de verve, faire connaître à ceux qui n'ont pu s'en rendre compte par eux-mêmes, ces journées gaiement écoulées en vendange, et ces fêtes si bien employées de Noël et du carnaval. Or, ce but a été largement atteint.

(*Nouvelliste de Seine-et-Marne*, 13 décembre 1883).

Au milieu de tous les soucis de notre époque, il est heureux de voir des Français qui, n'ayant pas oublié le vieux temps, se souviennent encore de toutes ces vieilles coutumes, de toutes ces traditions locales, héritage du moyen-âge.

(*L'Avenir de Seine-et-Marne*, 13 décembre 1883.)

La *Brie d'autrefois* est due à la plume si fine et si délicate de M. Jules Grenier. Le patriotique auteur du *Journal d'un mobile de Seine-et-Marne*, a su plier son talent à une œuvre dans laquelle chacun lira avec plaisir les vieilles traditions et les gais refrains du joyeux pays briard.

(Le *Républicain de Seine-et-Marne*, 14 décembre 1883.)

Le livre charmant de M. Grenier, sera bientôt entre les mains des Briards qui ont le culte du sol natal, et il restera comme une intéressante page d'histoire locale.

(*Journal de Provins*, 21 décembre 1883.)

Un joli livre, un bon livre à placer dans la bibliothèque de tous les vrais Briards.

(*Feuille de Provins*, 21 décembre 1883.)

Ami lecteur, permettez que nous vous présentions un livre du pays de Brie, dont l'auteur est briard, et qui nous redit dans un langage simple et charmant, les us et coutumes des paysans, nos ancêtres.

(*Indépendant de Seine-et-Marne*, 18 décembre 1883.)

Voilà entre tous un excellent livre que nous sommes heureux de faire connaître à nos lecteurs.

(*Petite Feuille de Coulommiers*, 20 décembre 1883.)

En lisant ces pages charmantes, où tout est fidèlement rapporté, on croit respirer l'air natal de ce riche pays.

(l'*Abeille de Fontainebleau,* 11 janvier 1884.)

La « Brie d'autrefois. » — Sous ce titre, M. Jules Grenier, de Villiers-sur-Morin, a publié en octobre dernier un ouvrage charmant que nous nous proposions depuis longtemps de recommander à nos lecteurs. Cet écrivain, qui sous des dehors de simplicité et de modestie cache un esprit instruit et délicat et un cœur chaleureux, a consacré tout un élégant volume à des coutumes briardes tendant aujourd'hui à disparaître. Il le fait au bon moment, quand encore nos vieillards peuvent rappeler ces usages, les uns tombés en désuétude, les autres disparus d'hier. Ils peuvent, en effet, cesser d'exister, mais grâce à l'ouvrage de M. Grenier les voilà gravés sur l'airain, et les générations qui pousseront dans la vallée du Morin ou sur le plateau de Brie auront vivantes ces coutumes de leurs ancêtres, qu'elles verront dans le livre de M. Grenier mieux racontées qu'elles pourraient jamais l'être par les savantes études de notre société d'archéologie.

(*Journal de Seine-et-Marne,* 13 février 1884.)

Sous le titre de la *Brie d'autrefois,* M. J. Grenier a réuni en un volume un choix de délicieux tableaux destinés à sauver de l'oubli les mœurs et coutumes de l'ancienne Brie.

C'est une suite de pages toujours spirituelles, souvent émues où l'auteur a su faire revivre à nos yeux la Brie d'il y a cent ans avec tous ses vieux et naïfs usages.

(Le *Courrier de la Brie,* 24 décembre 1883.)

.... En un mot, c'est une œuvre qu'on peut mettre dans toutes les mains et qui doit figurer dans toutes les bibliothèques.

(Le *Publicateur de Meaux,* janvier 1884.)

Très intéressante la *Brie d'autrefois,* publiée par M. J. Grenier. C'est un recueil de souvenirs, de récits et de légendes très heureusement mis en œuvre et qui fait réellement revivre ce coin peu connu de la Brie.

(*Revue de Champagne et de Brie,* mars 1885.)

Voilà donc un bon et précieux livre que l'on ne pourra que consulter avec fruit toujours, lorsqu'on voudra entrer dans la vie de nos ancêtres, si profondément modifiée aujourd'hui.

(*Journal de la Marne,* 23 juillet 1885).

Les chemins de fer et le *Petit Journal* détruisent peu à peu toute poésie et toute couleur locale. Il faut s'y résigner, et, après tout, en faisant revivre le passé, on se console. M. J. Grenier s'est donc consolé en retraçant les vieilles mœurs, les coutumes disparues, les traditions du temps jadis.

(*Revue politique et littéraire*, 2 février 1884.)

Nous aimons les chercheurs, les érudits qui occupent leurs loisirs à écrire la légende ou la chronique de nos vieilles provinces.

La Provence a ses bardes, la Bretagne a eu ses historiens, la Brie, jusqu'ici délaissée, a trouvé le sien. M. J. Grenier, un de ses enfants, a voulu sauver de la nuit des temps, ses traditions et ses symboles, ses mœurs et ses coutumes.

(*Le Siècle*, 28 août 1884.)

Recommandons à nos lecteurs l'ouvrage de M. J. Grenier, la *Brie d'autrefois*. Ce livre se prête à une lecture attentive et curieuse. On y retrouvera de vieilles chansons et de vieilles légendes, recueillies par un artiste qui est en même temps un érudit.

(*Revue littéraire et artistique*, 15 juin 1885.)

Autres journaux et revues ayant fait l'éloge de la *Brie d'autrefois*.

Journal de Montereau, 20 décembre 1883. — *L'Eclaireur de Coulommiers*, 26 décembre 1883. — *Affiches Provinoises*, 26 décembre 1883. — *La Gazette de France*, 11 mars 1884. — *La Mélusine*, 5 décembre 1884. — *La Petite République française*, 10 mars 1886, — etc.

Compte-rendu d'un ouvrage de M. Grenier, intitulé la *Brie d'autrefois*, par M. Le Roy.

Brochure in-8°, de 4 pages. — Meaux, imprimerie D. Charriou. — 1885.

LA BRIE D'AUTREFOIS

MŒURS, COUTUMES, CROYANCES ET PROVERBES

DE LA VALLÉE DU GRAND-MORIN

PAR

JULES GRENIER

DEUXIÈME VOLUME

(FRAGMENTS)

I. — Première Communion.

Le nombre 13. — L'orpheline sur la tombe de ses parents.

Le ciel est bleu : le soleil luit. Les prés verts s'émaillent de fleurs, et, sur les branches aux feuilles naissantes, les oiseaux égrènent leurs plus amoureuses modulations. La nature entière est en liesse, et le coquet petit village de Guérard, dans lequel nous pénétrons, paraît lui-même.

au milieu de ce cadre si pittoresque, si gracieusement animé, revêtir un séduisant air de fête.

Mais que veut dire cette agitation, assurément inusitée dans les rues du tranquille village ?

A chaque pas se rencontrent des groupes de gens endimanchés : hommes, femmes, vieillards et enfants, accompagnent, qui une fillette parée de blanc, qui un garçonnet portant gravement l'habit-veste et le petit chapeau des grands jours, objets qu'il endosse assurément pour la première fois, tant il en paraît fier et cherche à les faire remarquer.

Tous se dirigent vers l'église, pendant que, des auvents du vieux clocher, s'élancent, à pleine volée, les ondes sonores d'appels pressants et gais.

C'est que, pour les enfants de la bonne paroisse de Guérard, ce beau dimanche est jour de première communion, jour mémorable s'il en fut.

Cependant le nombre des Communiants arrivés dans l'église n'est pas encore complet.

Pénétrons dans cette maison qui se trouve là, non loin du chemin, perdue sous les noyers. La toiture de chaume, toiture à moitié demembrée par l'orage et les moineaux en quête de paille pour leurs nids, n'indique pas précisément l'aisance ; mais l'intérieur, tout propret, dénote la présence d'une de ces ménagères, intelligentes et actives, dont le vieux sol de Brie semble avoir surtout l'apanage utile.

Elle est loin d'être jeune cependant l'alerte maîtresse de céans.

Deux fois trente hivers ont blanchi sa tête, et cependant nous la trouvons fébrilement occupée à parer une fillette qui assurément est, elle aussi, une communiante du jour.

« Va, ma Louise, dit la vieille, en dépliant un large mouchoir blanc, tissu léger, orné aux angles de fleurs et de dessins à jour, va, Louisette, tu seras belle aussi... Si ton père est parti trop tôt, hélas ! si ta mère, enlevée si vite à notre amour, n'a pu te voir grandir, te parer, s'admirer en toi, ta vieille grand'mère te reste, ma fille chérie, et elle aussi veut que tu sois belle, que tu sois l'égale de tes petites amies !

« Elle ne peut te payer d'habits neufs, la pauvre vieille, mais qu'elle est heureuse aujourd'hui d'avoir pu conserver ses précieux souvenirs de jeunesse : cette robe blanche, — qui te sied si bien, — ce fichu brodé qui, de ses épaules de mariée, se retrouve aujourd'hui voilant si coquettement son adorée communiante ! Oui, tu es belle ainsi, ma brunette aimée ! Viens m'embrasser et partons ; voici l'heure... Ah ! n'oublie pas les couronnes, surtout. »

Mais la fillette tient déjà les larges couronnes (immortelles et fleurs des champs) que lui indique la bonne aïeule, et d'un pas tranquille se rend à l'antique église.

Dix minutes après, l'excellente vieille faisait, à son tour, son entrée dans le saint lieu.

Mais d'où vient donc l'air de préoccupation vive qui se lit sur son visage, si tranquille et si gai d'ordinaire ?

C'est que grand'maman ne peut se faire à l'idée que sa fille adorée se trouve la *treizième* des enfants qui vont recevoir la communion.

Car ils sont *treize*, les communiants de cette année ! Ils sont *treize !* et tout Briard sait fort bien (nous l'avons déjà dit ailleurs) que ce nombre maudit, trop illustré par le traitre Judas, porte malheur à qui se trouve désigné par lui. Ils savent surtout, nos Briards, que, si un jour de première Communion le nombre *13* est atteint, l'un des enfants — mais de préférence le *premier* ou le *dernier* du catéchisme — perdra la vie dans l'année même. Cela est fatalement écrit.

Et notez bien qu'elle est la *première*, l'intelligente et si gentille Louisette!

Aussi grand'maman, que le bon vieux curé a pourtant cherché à détourner de ses idées sombres; à laquelle il a, preuves en main, montré l'inanité, la sottise même d'un tel préjugé, ne se défend-elle qu'à grand'peine de cette superstition stupide avec laquelle elle a été bercée.

Cependant la cérémonie s'achève; en voyant le bonheur, la joie immense qui déborde de ces jeunes cœurs, grand'-mère oublie enfin ses sombres appréhensions, et c'est tout heureuse que, la messe terminée, elle embrasse à nouveau sa Louisette, qu'elle entoure amoureusement de ses vieux bras raidis par l'âge.

Mais déjà la Communiante s'est échappée de ses douces étreintes. Légère comme la colombe si bien idéalisée par elle, elle s'élance, prend sur le maître autel les couronnes qu'elle y a déposées, couronnes bénites au cours de l'office, et, pensive et recueillie, elle sort lentement du vieux sanctuaire.

Mais où va-t-elle ainsi la Communiante heureuse?

Suivons-la un instant.

Là, tout proche, attenant au mur de l'église est le champ du repos suprême. Là s'alignent, au milieu de l'herbe verte, des arbustes et des fleurs, les croix de bois, modestes, mais bien sincères hommages de ceux qui restent à ceux qui ne sont plus... C'est de ce côté que la Communiante dirige ses pas (1).

Mais elle sait bien où s'arrêter, la pauvre orpheline! Une croix se présente à elle; c'est celle de sa mère, de sa pauvre mère qui l'aimait, qui la chérissait tant...

Elle y accroche une des couronnes, s'agenouille, et, de son âme divinement pure, s'élève une prière fervente qui assurément est entendue...

Deux pas plus loin (car ils sont unis même dans la tombe ceux dont elle déplore l'absence), une autre croix

(1) Cette charmante scène, inspirée par l'antique usage relaté ci-dessus, a été peinte par M. Prévot-Valéry, un jeune artiste de talent, très amoureux de notre Brie.

Présentée au Salon de 1887, *la Jeune Communiante sur la tombe de ses parents* y a été fort remarquée, et l'une des récompenses du Jury lui a été très justement attribuée.

La gravure ci-contre est la reproduction de l'œuvre de M. Prévot-Valery.

Le paysage en est emprunté au vieux cimetière de Guérard.

Prevot-Valery Pinxit H. de Fa autog.

dresse ses bras rigides. C'est celle de son regretté père, Elle y dépose la seconde couronne, s'agenouille à nouveau, et. radieuse alors comme seule peut le rendre la satisfaction du devoir accompli, l'orpheline sort, plus forte, plus résolue à aborder courageusement les difficultés de la vie laborieuse que le sort lui a dévolue!

N'est-ce pas, en effet, au lendemain même de ce jour de première Communion qu'il lui faut, pauvre fille de Brie, commencer cette vie nouvelle, toute de travail, mais si parsemée, hélas! de privations et de peines!...

Aujourd'hui les orphelins briards ont perdu l'habitude de venir, le jour de la première Communion, déposer le pieux emblème sur la tombe de leurs parents. Est-ce indifférence? Est-ce plus mauvais cœur? Nous inclinons à croire, tout en le regrettant fort, que c'est à l'indifférence seule, cette plaie désespérante de notre époque, qu'il faut attribuer l'abandon de cette touchante coutume, si capable pourtant de raviver et de fortifier en nous ce noble sentiment, — qui baisse généralement trop — l'amour de la famille.

II. — Le « Mai de Moisson »

ou « L'Oiseau d'A-oût. »

Dès que, autrefois, à Villiers-sur-Morin — où les terres labourables confinent à la forêt de Crécy — la moisson touchait à son terme, et que la voiture emportant les dernières gerbes se trouvait prête à rentrer à la ferme, le charretier se rendait sous bois, choisissait dans les fourrés le plus haut et le plus élancé baliveau, le sapait et le rapportait près du véhicule.

Remis alors aux mains des moissonneurs, l'arbre était soigneusement ébranché, mais de façon à lui conserver au sommet une très jolie houppe de feuillage.

Pendant cette opération, les jeunes filles tressaient une large couronne d'épis de blé entremêlés de bleuets et de coquelicots, formaient avec de très beaux épis une croix que l'on fixait au centre de la couronne, et l'emblème était suspendu immédiatement au-dessous des dernières branches de l'arbre. Des nœuds de rubans, choisis de préférence de la couleur favorite de la fermière, étaient semés à profusion dans le feuillage. C'était là le « Mai de Moisson. »

Ainsi orné, le « Mai » était alors dressé dans la charrette, les gerbes en assujettissaient solidement le pied, et, de crainte de le voir renversé par les cahots, le plus vigoureux moissonneur restait debout près de lui, sa large main appuyée au tronc. De l'autre côté de l'arbre, une alerte moissonneuse portant sur le bras un coq en vie, venait se placer debout également la main posée sur le « Mai », et la charrette, suivie des moissonneurs, heureux enfin de se voir arrivés au terme de leur dur labeur, prenait triomphalement la route de la ferme.

Parvenu dans la cour, le cortège s'arrête, le « Mai » est descendu, et, après l'avoir dressé extérieurement près de la porte cochère de la ferme, on le fixe solidement au mur. C'est là qu'il devra rester l'année entière, c'est-à-dire jusqu'à la moisson suivante où le « Mai » nouveau viendra le remplacer.

Quant au coq, il a pris le chemin de la cuisine, où immédiatement immolé, il va former le met principal du festin offert aux travailleurs en réjouissance de fin de moisson.

Ce festin, à cause même de la venue sur table du succulent volatile, roi de la basse-cour, avait nom : *Oiseau d'A-out.*

Très cordial, très joyeux, cela va sans dire, ce dîner, auquel maîtres et ouvriers prenaient indistinctement part, terminait dignement la poétique manifestation, dernière réminiscence des antiques fêtes de Cérès, à laquelle nous venons d'assister.

III. — L'enterrement d'un cochon.

L'élevage des porcs était jadis fort prisé dans la Brie. C'est qu'en effet cet élevage, qui avait pour base le « lait-clair » ou petit-lait provenant de l'égouttage des fromages, était surtout économique et offrait ainsi, presque sans bourse délier, une source d'alimentation fort précieuse à la famille des habitants de nos campagnes.

Chaque cultivateur élevait un ou plusieurs porcs, selon que son étable était plus ou moins bien garnie, et, très souvent même, de simples journaliers possédaient un cochon qu'ils engraissaient avec le « lait-clair » recueilli chaque matin dans les vacheries qui en avaient en trop.

Arrivé au point voulu, l'animal était invariablement mis à mort chez le propriétaire même et, après avoir passé au saloir, puis au « fumage » dans le conduit de la vaste cheminée, était consommé en entier dans la maison.

De nos jours, l'habitude d'occire soi-même le compagnon de saint Antoine, ainsi nourri dans l'exploitation, commence à se perdre sensiblement, et nombre de cultivateurs, s'ils pratiquent encore l'élevage, préfèrent s'adresser au charcutier pour vendre la bête sur pied, et se procurer ensuite, au fur et à mesure de leurs besoins, la viande de porc qu'ils ont ainsi plus fraîche et plus à leur goût.

Remontons cependant quelque peu en arrière.

Le moment favorable arrivé, c'est-à-dire le porcelet étant jugé assez gros et gras, le sacrifice est décidé.

Le « tueux d'cochon », plaisamment appelé le *Saigneur du village*, est prévenu de l'affaire et, le jour dit, maitre Périgourdin, après avoir été amené, non sans peine, à quelque distance de l'habitation, est égorgé et brûlé.

Cette dernière opération surtout avait le don d'attirer tous les gamins des alentours. Ah! le feu de paille! comme la gent enfantine aimait ses longs jets de flamme, ses joyeux crépitements! Aussi le « Saigneur » manquait-il rarement l'occasion de prendre aux dépens des turbulents garçonnets un moment de gaie distraction.

Le brûlage terminé et au moment de se livrer au grattage des soies imparfaitement grillées : — Qui d'entre vous, dit le « tueux d'cochon » en s'adressant aux gamins, qui veut me prêter son couteau pour faire la barbe au « goret » ? je lui donnerai la queue pour récompense.

Un moment d'hésitation se produit, mais enfin l'un des plus futés de la bande se décide à tirer de sa poche un joli « saint-georges », petit couteau à manche de buis agrémenté d'un sifflet à l'extrémité inférieure.

— J'veux bien vous le prêter, père Blaisot, dit le gamin, mais à condition que vous coupiez la queue et me la donniez tout d'suite.

— Oui, oui.

Et, s'emparant de l'instrument, le père Blaisot tranche l'appendice, fait, à 2 centimètres de la base, disparaître le petit « saint-georges » et tend la queue à l'enfant. — Voilà, dit-il, éclatant d'un gros rire.

— Et mon couteau? crie piteusement le trop obligeant

gamin tandis que ses petits camarades, mis en gaieté à leur tour, le plaisantent à qui mieux mieux sur l'étrange

endroit choisi pour logement de l'infortuné « saint-georges »!.....

Parfois même, de par l'esprit audacieusement inventif de certains « cochonniers », cette petite scène s'agrémentait de détails aussi piquants que foncièrement gaulois.

Ainsi, au lieu de commencer par trancher la queue, le « Saigneur » plongeait d'abord le couteau à l'endroit scabreux, mais en ayant soin de laisser dépasser le manche de moitié environ.

— Allons, *marmousiot*, disait-il au gamin, si tu veux la queue, faut me tirer de là ton « saint-georges » avec les dents.

Le cas devenait embarrassant. Mais le désir d'obtenir la chose convoitée et, par-dessus tout, de rentrer en possession de son bien, l'emportant enfin sur tout autre scrupule, l'enfant se baisse et se résigne à opérer l'extraction.

A peine tient-il son couteau dans les dents que le « cochonnier », poussant brusquement la tête du patient, l'oblige à donner ainsi une longue accolade au derrière de la bête...

C'était la dernière épreuve. Le « saint-georges », finalement sorti de sa prison, servait à couper la queue, et les deux objets revenaient alors dans les mains du gamin, heureux, en somme, de posséder le délicat morceau convoité.

Mais voici bientôt le cochon pendu, dépecé ; le boudin, les *crépinettes* ou saucisses préparées.

Le maître du logis apprête alors un *échigné* (délicat morceau d'échine) ; deux *crépinettes* énormes ; deux bouts de boudin, longs chacun d'une demi-aune.

— Femme, dit-il à sa ménagère, va porter cela à M. le Curé.

Pareil cadeau était offert à *Monsieur le Maître* (l'instituteur) ; quant aux parents les plus proches, ils recevaient tout simplement des *crépinettes* et du boudin.

Ce qui restait de l'animal était placé au saloir, et, le soir arrivé, un repas, dont la fressure faisait uniquement les frais (le *mou*, le cœur et la rate fricassés aux pommes de terre, et le foie rôti sur le gril), réunissait la famille du propriétaire, le « Saigneur » du village, ainsi que quelques parents et amis, et terminait le plus gaiment du monde ce qu'on appelait en Brie « l'Enterrement du Cochon », enterrement fort prisé.

IV. — Fille ou Garçon ou le Bonnet révélateur.

Il est, à propos du « Baptême d'un nouveau-né » une coutume curieuse omise dans le premier volume de la *Brie d'autrefois* que nous croyons bon de rappeler ici.

Dès que le bébé briard, aidé en cela par la matrone attitrée du village, avait fait son entrée dans ce monde, le sexe en était aussitôt constaté ; puis, le père, occupé jusqu'alors à la préparation du bouillon destiné à l'accouchée, se mettait en devoir d'aller faire déclaration officielle de l'événement grave auquel il se trouvait directement mêlé. Mais avant de sortir le « papa » avait soin d'agencer sa coiffure de façon à indiquer clairement aux voisins et aux passants, le genre de « récolte » dont il venait d'être gratifié.

S'il se montrait coiffé de sa casquette ou de son chapeau habituel, c'était un *garçon* qui lui était dévolu : mais si, au contraire, un vulgaire et blanc bonnet de coton dressait, sur sa tête, son cône aigu et empanaché, ce n'était qu'une fille que son épouse venait de lui donner.

Nous disons : « ce n'était qu'une fille » parce que, aux yeux du père de famille, une fille était toujours, et de beaucoup, inférieure à un garçon.

Et en effet, si, dès l'âge de 14 à 15 ans, un fils prenait une part active aux travaux des champs et contribuait ainsi à la prospérité de la maison jusqu'à 24 ou 25 ans, moment où ordinairement il entrait en ménage à son tour, il n'en était nullement de même pour la fillette qui ne pouvait rendre que de très légers services, ne rapportait rien au logis, et à laquelle il fallait, bien avant l'époque du mariage, songer à constituer une dot.

De là, le désappointement du père, manifesté, le jour de la naissance, par l'indiscret *Bonnet de coton*.

V. — « Bâille, Colas, t'a'ras un pringneau ! »

EU de personnes, assurément, connaissent l'origine de ce dicton, si souvent employé cependant dans nos campagnes : *Bâille, Colas, t'a'ras un pringneau !* En voici l'historique, à moi narré par l'héroïne même, habitant alors Villiers-sur-Morin.

C'était en 1814, pendant l'invasion, alors qu'à la suite de l'armée russe s'étaient abattues sur notre belle Brie des nuées d'irréguliers : Cosaques, Kalmoucks, etc., etc.

Ces pillards, dont le passage se trouvait marqué par toutes sortes de déprédations, jetaient la terreur et la désolation dans nos villages. Les femmes surtout, si malmenées déjà par les troupes régulières, avaient particulièrement à se plaindre de ces hordes barbares, accourues d'aussi loin à la curée.

Un jour, la belle Madeleine, comme on se plaisait à l'appeler à Villiers, gravissait lentement la rude montée du Touarte, lorsque, arrivée tout en haut, hors les dernières maisons, elle se trouva tout à coup en présence d'un de ces cavaliers dont nous venons de parler, Cosaque barbu, sale, dégoûtant, dont l'horrible ensemble tenait assurément plus de la brute que de l'espèce humaine.

« Belle matemoiselle! » fit le farouche habitant de l'Ukraine en cherchant à adoucir sa voix rauque et lançant son cheval droit sur la fillette. Celle-ci ne perdit pourtant pas la tête, et, se jetant de côté, elle prit à travers champs, descendit de toute la vitesse de ses jambes (des jambes de seize ans !) la déclivité qui la séparait du Grand-Ru, ravin profond, garni d'arbres et de broussailles, qui divise en deux parties le haut du village. Le Cosaque piqua des deux et l'y suivit. Mais, se laisser glisser sur les herbes du haut talus, franchir le torrent et gravir à la force des jambes et des poignets la rive opposée, ne fut pour Madeleine que bien simple jeu. Arrivée sur le haut de la berge, elle se retourne et aperçoit, à travers les buissons, le Cosaque qui, dressé sur ses étriers, reste là le cou tendu, les yeux largement écarquillés et la bouche démesurément ouverte devant un obstacle aussi imprévu, aussi infranchissable !

La jeune paysanne le contempla un instant, puis, absolument certaine de se trouver hors de danger, elle sourit finement, et, avec une intonation inexprimable où perçait toute la joie du triomphe remporté : Hé!!! fit-elle longuement, en inclinant la tête d'un air d'adorable moquerie, *bâille, Colas, t'a'ras un pringneau !* Et Madeleine disparut sous les buissons... Quant au Cosaque, il ne lui restait plus qu'à tourner bride, ce qu'il fit en jurant, vociférant, montrant le poing à la gentille apparition qu'il devinait encore à travers la feuillée.

Cette petite scène tragi-comique eut plusieurs témoins ; aussi l'expression qui la couronna est-elle demeurée légendaire, et chaque fois qu'une personne, croyant toucher le but poursuivi, voit tout d'un coup celui-ci lui échapper, reste là, bouche bée, devant l'occasion envolée : *Bâille, Colas, t'a'ras un pringneau !* ne manque-t-on jamais de lui crier gaiement.

VI. — Manger du « Cré-qu'oui ».

Avoir mangé du *Cré-qu'oui* se dit d'une personne excessivement dépourvue d'embonpoint, ou d'un animal étique.

« Mon Dieu, quel *maigr' échine !* Il a donc mangé du *Cré-qu'oui ?...* »

Voici d'ailleurs l'origine de ce dicton, fort répété dans les environs de Crécy.

Vers la fin du dernier siècle, un laboureur habitant le coquet petit village de St-Martin-lès-Voulangis, se trouvait en possession de deux chevaux si beaux et si forts que, à trois lieues à la ronde, les solides percherons faisaient l'admiration des connaisseurs.

Jugeant que son fils aîné

— qui touchait à ses dix-neuf ans, ma foi — se trouvait en âge de prendre une part active aux travaux de la maison : « Jean, lui dit-il, à partir de ce soir, tu coucheras à l'écurie ; toi seul veilleras aux besoins de nos bêtes. Aies-en bien soin, surtout. »

Jean était un brave garçon, bon comme le bon pain, travailleur solide, mais d'une pâte un peu molle, tenant tout aussi bien au lit qu'à la charrue. Or, il advint que, bien souvent, par l'indolence du pourvoyeur, les beaux chevaux durent partir au labour sans avoir reçu la provende accoutumée. Et pourtant, dès trois heures du matin, le père, qui n'avait qu'une médiocre confiance en son fils, arrivait à la porte de l'écurie :

« Jean, lui criait-il, as-tu mis la botte au râtelier ?

— J'crè-qu'oui, mon père. »

Une heure après :

« Jean, as-tu donné l'avoine ?

— J'crè-qu'oui, mon père.

— As-tu fait boire les bêtes ?

— J'crè-qu'oui, mon père », répondait-il invariablement en continuant sans vergogne le somme commencé.

A ce compte, les beaux chevaux devinrent promptement rosses, véritables haridelles qu'on aurait facilement « portées su' un' hotte », comme le faisait malignement remarquer un jovial voisin, et naturellement le travail s'en ressentit. Le papa finit par se douter de l'affaire ; aussi voulut-il en avoir le cœur net.

A la faveur d'un trou percé dans le haut de la porte, il surveilla, après l'avoir éveillé, son garçon d'écurie. Voyant ce dernier s'étirer béatement après chaque réponse et ne pas plus bouger qu'une souche, il fut vite fixé.

Armé d'une trique modèle, il entra comme une bombe dans l'écurie, se dirigea droit au lit et administra au dormeur endurci une correction dont ses côtes n'avaient, certes, jamais eu la moindre idée.

« Ah ! gredin ! chenapan ! sans-cœur ! disait-il entre chaque volée, traiter de cette odieuse façon de pauvres bêtes qui nous rendent de si grands services ! Ça ne m'étonne plus que mes beaux chevaux soient devenus si maigres, tu ne leur faisais manger que du *Crè-qu'oui !!!* »

VII. — Saluer Mars.

— Tout jeune garçon qui veut être certain de se marier dans l'année, nous disait hier une voisine, doit, le matin du 1er mars, sortir de sa demeure, et

Le bas de la chemise entre les dents,
Faire belle révérence au soleil levant.

— C'était, dans mon jeune temps, ce qu'on appelait *Saluer Mars*, ajouta la bonne vieille.

— Oui, oui, opina papa Jacques, le mari de Gertrude qui, tout en nous écoutant deviser, tisonnait distraitement dans l'âtre, au coin duquel il était assis, mais, des demoiselles, tu ne nous en parles pas ?

— Ta, ta, ta, les demoiselles ! laissons-les tranquilles, les demoiselles ; il n'est pas question d'elles en ce moment ?

— Ça n'empêche pas, insista malicieusement le vieillard, que — je le parierais ! — tu as été, toi aussi *Saluer Mars !*

— Eh bien ! oui, répliqua vertement dame Gertrude, oui, j'y ai été ; et la preuve que la recette est bonne c'est que, dans le mois même, tu arrivais du voisin village, et que, pour ne pas faire mentir le proverbe, mais surtout dans la crainte de te voir m'échapper, je te pris vivement le cou dans la porte !

*
* *

Quoiqu'il en soit, cette action, si foncièrement gauloise, assez agréable à remplir par un temps doux, ne laissait pas, croyons-nous, que d'être assez pénible par l'aquilon matinal d'ordinaire assez piquant en cette saison. Mais dame Gertrude assure que la recette était excellente, et, par n'importe quel temps, les *intéressés* n'hésitaient jamais à l'employer.

VIII. — Les Prières populaires.

Admis récemment à feuilleter les vieux papiers d'un collectionneur, nous eûmes la bonne fortune d'y découvrir de curieuses prières consignées là par un bon villageois, fervent observateur des anciennes traditions. Ces Prières populaires, à peu près oubliées à l'heure présente, trouvent naturellement place dans nos Etudes de Mœurs briardes : aussi, le lecteur nous saura-t-il gré, nous n'en doutons pas, d'en faire l'objet d'un nouveau chapitre.

*
* *

Contre la foudre.

A l'approche d'un orage, prendre une branche de buis béni le dimanche des Rameaux, le tremper dans l'eau bénite (eau consacrée la veille de la Pentecôte et dont chaque ménage se pourvoyait avec un soin tout particulier), et asperger en forme de croix les quatre murs de l'habitation.

A chaque éclair suivi de violents éclats de tonnerre, se signer vivement et dire avec ferveur :

« Sainte Barbe,
« Sainte Fleur,
« Partout où la croix de Notre Seigneur
« Ira,
« Jamais le tonnerre n'y tombera.

Ajoutons que la crainte du tonnerre était d'autant plus vive en nos campagnes qu'on y croyait fermement que tout secours était absolument impuissant contre le « feu du Ciel ». — L'eau elle-même, n'y peut rien, disait-on, et l'on considérait comme perdu tout bâtiment incendié à la suite d'un coup de foudre.

* * *

Contre la peur.

En toute circonstance, mais la nuit surtout, en voyageant, dès que vous sentez la crainte vous envahir, récitez intérieurement et avec dévotion l'Evangile selon St-Jean : « Au commencement était le Verbe, etc., » et vous braverez sans peur les plus grands dangers.

* * *

Contre la rage.

A l'approche d'un chien « malade » ou « fou » réciter mentalement l'invocation suivante :

« Saint Hubert glorieux
« Dieu nous fait amoureux.
« Trois bêtes je me défends
« La nuit, du serpent,
« Du chien fou et du loup enragé.
« Ils ne s'approcheront pas plus de nous
« Que la plus belle
« Et sainte Etoile
Du Ciel ».

C'est à l'école que les enfants de la Brie s'apprenaient mutuellement cette Prière, considérée comme souveraine, pour éviter les atteintes d'un chien enragé rencontré fortuitement.

Si, contre toute prévision, le chien mordait au lieu de s'éloigner, la personne menacée d'hydrophobie pouvait conjurer le danger en faisant, à pied, le pèlerinage de Saint-Hubert, le glorieux patron des Ardennes.

Mais si le voyage à Saint-Hubert devenait lui-même inefficace, il ne restait plus qu'à suivre le développement de la terrible maladie, et cela jusqu'au moment où la rage arrivant à son comble, on en était réduit — affreuse extrémité ! — à étouffer l'infortunée victime entre deux matelas !

Aujourd'hui, les temps et les mœurs ont changé. Nous n'ajouterons cependant rien à notre article, laissant au lecteur le soin d'établir lui-même le parallèle entre le traitement Pasteur, si doux, si humanitaire, et l'antique et barbare étouffement.

IX. — Croyances populaires de la Brie

Couler la lessive le vendredi.

Mettre sa lessive au cuvier, et la faire couler un vendredi était, pour une femme mariée, le moyen infaillible d'amener promptement la mort de son mari. Du moins la bonne vieille qui me dévoile cette curieuse pratique en parait-elle fermement convaincue.

— Je veux bien le croire, lui dis-je ; mais, le moyen n'étant probablement pas étranger à la connaissance des maris eux-mêmes, il est à croire que très peu se seraient, tout bénévolement, laissé jouer un tour de cette façon.

— Oui, si le secret eût été connu de nos hommes, mais on se le transmettait de femme à femme, et jamais, je crois, aucune de nous n'aurait eu l'idée d'en desserrer les dents à nos seigneurs et maitres. Il convient de dire que si, dans un moment d'humeur, la pensée du coulage de lessive le vendredi était venue en tête à l'une de nous, cette pensée se serait vite envolée, et bien peu, je vous le jure, auraient osé la mettre en pratique. Pour ma part, je n'en ai jamais connu qu'une. Il est vrai qu'elle était si malheureuse, cette pauvre Rose ! Pensez donc, monsieur, un mari fainéant, ivrogne, qui lui donnait une nuée d'enfants et qui, par-dessus tout, la battait comme plâtre ! Aussi un jour résolut-elle de placer le cuvier le vendredi. Elle réussit si bien, la pauvre femme, que le lendemain même le propre-à-rien, rentrant saoûl comme une grive, trébucha dans la cour et tomba dans le trou à fumier, où il but son dernier coup.

Cela, pourtant, ne lui porta pas bonheur, à la malheureuse ! Frappée d'une telle réussite et prise d'un remords terrible, elle se pendit le surlendemain même à un clou de son alcôve.

Vous le voyez, ajoutait maman Madeleine en forme de conclusion, le moyen est infaillible, mais il faut y regarder à deux fois avant de l'employer.

*
* *

Le charbon de Saint-Jean.

Le charbon du feu de Saint-Jean, nous l'avons déjà dit (page 233, 1er volume de la *Brie d'autrefois*), jouissait de la propriété d'empêcher la formation des vers dans le fromage de Brie ; il préservait de la foudre, était salutaire pour la guérison de certains maux, et les sorciers de la Brie l'employaient pour lever les sorts et maléfices.

*
* *

Treize a table.

Se trouver treize à table était regardé en Brie comme la plus grande menace pour une famille. L'un des convives, fatal héritier de la situation de Judas, le « treizième », dont on connait la triste fin, était inévitablement destiné à passer de vie à trépas dans le courant de l'année. Aussi, le hasard voulait-il que, dans un banquet quelconque, treize personnes fussent placées à l'entour de la table, vite il fallait, pour quatorzième, prendre le premier pauvre (mendiant) qui passait ou, à défaut, requérir le voisin le plus proche. A cette condition seule, le maléfice était levé, la gaieté reparaissait sur toutes les figures rembrunies.

⁂

Le Grand-Morin.

Si le Grand-Morin déborde avant Noël, il est de tradition que, sept fois encore, dans le courant de la saison d'hiver, la rivière sortira de son lit.

⁂

Couvage et tonnerre.

De temps immémorial, les ménagères briardes ont remarqué que si, au moment où elles venaient de « mettre une poule couver », un orage éclatait, la majeure partie des œufs, sinon tous, restaient « clairs », le tonnerre ayant tué dans leur germe les poussins à venir.

Un moyen infaillible, heureusement, permettait de se garder d'un aussi désastreux inconvénient.

Il suffisait :

1° De placer, au fond du panier dans lequel la poule allait se livrer au travail d'incubation, deux morceaux de fer plats *disposés en croix* ;

2° Que les œufs à couver fussent au nombre de *treize*.

Nous ne dirons rien de cette condition finale, mais ne semble-t-il pas que la première avait toute raison d'être ?

Et, en effet, les morceaux de fer, opérant ici l'office de paratonnerre, attiraient à eux l'électricité voisine des œufs, et il y a tout lieu de croire que cette isolation protégeait ainsi les germes qui auraient pu se trouver mortellement atteints.

Avis à nos ménagères actuelles, un peu trop oublieuses d'une aussi simple, mais aussi utile précaution.

⁂

Une pie,
Tant pis,
Deux pies,
Tant mieux.

— Ah ! mon cher enfant, nous disait un jour le vieillard auquel nous demandions le vrai sens de ce dicton fort répété en Brie, gardez-vous de vous mettre en route si, au début d'un voyage, vous apercevez une pie, une seule pie sautillant devant vous !

La vue de cette *margot* est « signe de malheur », et vous pouvez être certain qu'il vous arrivera de la peine ou un accident grave au cours de votre voyage.

Mais si, au contraire, sortant de votre maison ou au détour du chemin, deux pies s'offrent à vos yeux, oh ! alors, partez hardiment, bonheur et réussite vous attendent ; cet'e double égide vous couvre pour une journée au moins.

Comprenez-vous maintenant :

Une pie,
Tant pis.
Deux pies,
Tant mieux ?

* * *

Coupe ton bois « en croissant ».

« Dieu ! que c'est désagréable ! Voyez donc, père La Brie, comme le bois de ma commode est criblé de trous de vers ! Il tombera certainement en poussière avant peu.

— En effet. Mais à quoi cela tient-il ? Vos autres meubles n'ont même pas une seule piqûre.

— Ah ! voilà ! c'est que le bûcheron qui a coupé ce bois n'a certainement pas tenu compte de la recommandation suivante, que m'a souvent répétée feu mon père : « Garçon, me disait-il, si tu veux, lorsque tu exploiteras tes arbres, avoir un bois qui reste constamment sain, jette-le bas lorsque la lune est « en croissant », c'est-à-dire dans son premier quartier. Si tu arrachais ton bois quand le « soleil des loups » a dépassé son plein et est « en décroissant », tu serais assuré de le voir piqué, repiqué, moulu par les vers, et cela en très peu de temps. »

Arracheurs d'arbres, faites-en votre profit.

* * *

Le vent du Grand Evangile.

Nos Briards étaient fermement convaincus que le vent qui soufflait pendant le chant du Grand Evangile, le dimanche de la Passion, viendrait de la même direction pendant la moitié ou même les trois quarts de l'année. Aussi, pendant que prêtre et sous-diacres alternaient dans le récit de l'émouvant sacrifice de l'Homme-Dieu, voyait-on nombre de personnes s'éloigner doucement de leur banc, sortir de l'église, et aller consulter le coq du clocher. Si l'augure indiquait le vent d'est, sud-est, par exemple : — Bonne année ! le fanage ira bien ; les blés seront beaux et bons, et le vin redonnera des forces aux estomacs les plus refroidis. Et chacun, la figure rayonnante et la joie au cœur, rentrait assister dévotement à la fin de la messe commencée.

* * *

Le jour et non la nuit.

Une ménagère briarde tenait-elle à ne pas être réveillée la nuit par sa vache prête à mettre bas? Rien de plus facile à éviter. Il suffisait, quelque temps avant que l'animal fût « à terme », de le traire pour la dernière fois un vendredi, et l'on était certain ainsi que le vêlage se produirait inévitablement en plein jour.

* * *

Le grain de blé sauteur.

Savoir, dès le commencement de l'année, en quel mois le froment atteindrait son plus haut prix, était, on le comprendra sans peine, un point qui tracassait fort l'esprit de nos cultivateurs briards.

Aussi le travailleur prévoyant ne manquait-il pas d'avoir recours à une pratique curieuse et qui, selon lui, devait lui indiquer clairement les fluctuations à venir.

La veille de l'Epiphanie ou des Rois, après le coucher du soleil, on faisait chauffer la pelle à feu du foyer et, sur le fer rougi, le fermier plaçait délicatement un premier grain de blé en disant : janvier.

Si le grain se consumait lentement sur place il y avait toute certitude que le prix du blé resterait très bas. Mais si, au contraire, le contact du fer chaud faisait éprouver au grain de petits tressautements, ou le lançait même en dehors de la pelle, c'est que le prix augmenterait.

En somme, plus le grain « sautait haut » plus le prix avait chance de s'élever dans le courant du mois nommé.

On répétait de même l'expérience pour février, mars, etc., et de la sorte l'intéressé savait pertinemment à l'avance en quel mois le blé avait « sauté le plus haut », c'est-à-dire à quelle époque au juste il serait le plus avantageux de se défaire de sa récolte de froment.

* * *

Les douze prophètes.

Etre assuré de la température à venir et cela pour se livrer sans crainte aux travaux des champs et principalement à la rentrée des récoltes, était aussi une chose fort désirée.

On arrivait très facilement à acquérir cette certitude en observant l'état du ciel pendant 12 jours faisant suite à la fête de la Nativité de N.-S. et auxquels on donnait fictivement le nom des 12 mois de l'année.

Le jour de Noël représentait janvier et, selon qu'il était pluvieux ou beau, le mois de janvier serait humide ou sec.

Les jours suivants correspondaient aux autres mois et,

de même que pour janvier, l'on observait soigneusement les variations auxquelles ils pouvaient donner lieu.

On consignait ensuite par écrit les remarques de chacun de ces 12 jours, et toujours, paraît-il, la température de l'année donnant raison à ces importantes prévisions, chacun se livrait en toute connaissance de cause aux travaux exigeant un temps favorable, et la récolte y gagnait d'autant.

*
* *

Conservation des œufs.

Tenez-vous à ce que vos œufs se conservent indéfiniment? Seriez-vous heureux de les manger frais même au mois de décembre, même au mois de janvier ou février?

Mettez de côté tout le fruit de la ponte des poules pendant le temps compris entre la Notre-Dame d'août et la Notre-Dame de septembre. Ainsi le veut une vieille tradition briarde.

« Qui veut retrouver bons œufs frais en hiver
« Entre les deux Notre-Dame doit les mettre à couvert. »

Cette précaution de mettre en réserve les œufs pondus « entre les deux Notre-Dame » — Assomption, 15 août, et Nativité de la Vierge, 8 septembre — n'est pas aussi illusoire qu'on pourrait le supposer. Et en effet, cette époque étant celle de la rentrée des récoltes, c'est-à-dire le moment où la volaille, qui profite de tout ce qui s'égrène de la voiture au grenier, est nourrie plus abondamment que d'habitude, il en résulte que la qualité des œufs doit s'en ressentir, augmenter même sensiblement et, par suite, se conserver plus longtemps et mieux.

Ajoutons que la chance de bonne conservation devient tout à fait certitude si l'on prend soin d'enfermer les œufs dans un linge blanc, nouvellement lessivé; de placer le paquet dans un panier que l'on remplit ensuite de cendres de bois bien sèches et de tenir le tout dans un endroit obscur et très peu aéré.

*
* *

La lune et le temps probable.

Les travailleurs des champs étaient — et sont encore aujourd'hui — fermement convaincus que la lune qui se renouvelle joue un très grand rôle dans le mouvement de la température.

Les premiers jours qui suivent la nouvelle lune sont-ils brumeux ou nuageux : tout le mois lunaire sera généralement pluvieux.

Le soleil, au contraire, y brille-t-il de tout son éclat : trente jours de beau temps sont assurés à l'actif travailleur, qui peut hardiment se livrer aux occupations les plus variées.

De cette croyance est venu le dicton briard :

« Prends garde au premier mardi de la lune ;
Du temps c'est la règle commune. »

*
* *

Le cri de la chouette.

— Grand Dieu ! cousine Estelle, est-ce que ce n'est pas le cri de la chouette que je viens d'entendre ?

— Hélas ! oui, dit la mère Estelle en se signant et se rapprochant effrayée de son interlocutrice.

— Ah ! Mère de mon Sauveur ! c'est fini, notre bonne tante ne passera pas la nuit.

C'est qu'en effet entendre le cri de la chouette en soignant un malade était « signe de mort » et de mort très prochaine pour celui-ci. Ajoutons qu'en toute autre circonstance, c'était toujours l'annonce d'un malheur irrémédiable.

Infortuné chat-huant ! Toi si inoffensif, que dis-je ? si utile à l'habitant de nos campagnes que tu délivres d'une foule de rongeurs et d'animaux malfaisants, pourquoi donc la nature, si prodigue envers d'autres inutilités, ne t'a-t-elle départi qu'une physionomie repoussante, et pour chant que ce crécellement affreux qui donne involontairement le frisson à qui l'entend au milieu du calme des nuits ? De là, seulement, pauvre déshérité, t'est venue la sotte réputation d'oiseau de mauvais augure ; de là, aussi, la guerre à mort qui t'est si maladroitement faite par de si ingrats obligés. Mais, Dieu merci ! les temps et les mœurs ont changé. Grâce aux leçons et au dévouement de nos instituteurs, les villageois briards commencent à apprécier les services que leur rendent le hibou et la chouette, et le temps n'est pas éloigné où le stupide désir de clouer à la porte des exploitations rurales le corps de ces infatigables auxiliaires du cultivateur ne viendra plus à l'esprit d'aucun d'eux.

*
* *

Ça empêche les poules de pondre.

« Julie ! Julie ! Mais à quoi songes-tu donc !... Rentrer à la ferme ayant encore ta bouteille à moitié pleine !

— Dame ! notre maîtresse, le temps n'était guère *altérant* aujourd'hui et je n'ai bu que quelques gorgées.

— Vite, vite, avale-moi le reste, ou vide ta bouteille à terre avant ton entrée dans la cour. Rappelle-toi qu'on ne rapporte jamais à boire en revenant des champs. Ça empêche les poules de pondre ! »

* * *

LE CHANT DU FEU.

— Ecoutez, enfants, voici le feu qui chante !... Nous aurons aujourd'hui visites ou nouvelles.

Ainsi parlait ma grand'mère lorsque, de la bûche se consommant dans l'âtre, partaient de petits jets enflammés, bourdonnant, crépitant à qui mieux mieux ; modulations bizarres appelées en Brie le « chant du feu ».

Et toujours, en effet, l'événement donnait raison au pétillant oracle, toujours arrivaient visites ou nouvelles annoncées.

L'ESPRIT BRIARD

ANECDOTES ET BONS MOTS

PAR

JULES GRENIER

(FRAGMENTS)

X. — Ce n'était pas un lièvre !

Par une sombre journée de janvier 1871, — si douloureusement mémorable et s'annonçant alors sous de si tristes auspices, — un homme, qu'à son costume, et surtout à sa blouse bleue agrémentée des traditionnelles broderies blanches, on reconnaissait pour un villageois endimanché, s'éloignait pédestrement de Quincy. A le voir ainsi cheminer gaillardement, le corps droit et son bâton de houx à la main, on aurait pu, volontiers, le prendre pour quelque jouvenceau du voisinage en quête d'aventures. Par malheur, une couronne de cheveux blancs, faisant ressortir encore plus la couleur sombre de son feutre à larges bords, venait vite ôter toute illusion et prouver que le voyageur avait depuis longtemps déjà dépassé l'âge des joyeuses folies. Mais c'est qu'il était encore bien vert, mon oncle Z., un des plus gros propriétaires de la commune de Bouleurs, et, certes, le poids de ses quinze lustres ne paraissait guère l'embarrasser.

Mon oncle avançait tranquillement sur un chemin de traverse longeant un champ de vigne, lorsque, tout à coup, des aboiements furieux et continus éclatent à quelques pas et dans la vigne même ; le vieillard s'y précipite, écarte les échalas des premiers ceps, et se trouve en présence d'un curieux spectacle.

Au nœud coulant d'un collet posé là par quelque braconnier des alentours, un malheureux lièvre, par le plus capricieux des hasards, s'était laissé prendre une patte de derrière, et tandis qu'il se consumait en vains efforts pour se dégager, un chien le poursuivait en aboyant. Pour éviter les atteintes de sa dent meurtrière, notre lièvre décrivait une série de bonds aussi bizarres que follement éperdus à l'entour du point où il était captif. Arracher un échalas, en asséner un coup violent sur la tête du lièvre, le détacher et le faire disparaître sous sa blouse, fut pour notre chasseur improvisé l'affaire d'un instant. Mais si prompt qu'eût été ce mouvement, il fut cependant aperçu de deux jeunes gens qui, prenant leurs jambes à leur cou, accoururent vers mon oncle en criant :

— Rendez-nous not'e lièvre ! rendez-nous not'e lièvre !

— Je n'ai pas vu de lièvre.

— Ah ! par exemple ! il ose nier et la queue passe !...

En effet, dans la précipitation même que mon oncle avait mise à escamoter cette pièce de gibier, il ne s'était pas aperçu que, tout en le maintenant adroitement sous le bras gauche, l'extrémité inférieure de l'animal dépassait la blouse, et que la queue, la maudite queue elle-même, était là en évidence. Soutenir un tel mensonge devenait donc impossible.

— Rendez-nous not'e lièvre ! répétaient les jeunes gens, avançant déjà la main pour s'en saisir, rendez-nous-le ; c'est not'e chien qui l'a découvert le premier, et il nous appartient !...

— Pas du tout, ripostait l'oncle Z..., je l'ai aperçu avant vous et assommé aussitôt, donc il est bien à moi. D'ailleurs, ce chien vous est étranger ; la preuve, c'est qu'il est déjà parti retrouver son maître, le poseur du collet, qui, seul, pourrait prétendre à la possession de ma capture, mais qui, en ce moment, à l'abri de quelque buisson et peu désireux de se faire connaître, se gardera bien d'en sortir.

— Rendez-nous-le, ou sinon... Et joignant le geste aux paroles, deux bâtons se levèrent. Mon oncle bondit en arrière, et brandissant la canne dont il était porteur :

— N'approchez pas, leur cria-t-il, ou je vous fais sentir le poids de ce gourdin !

Devant cette attitude énergique, les assaillants reculèrent ; mais leur hésitation fut courte, et, se consultant du regard, ils s'élancèrent de nouveau, quand le pauvre vieillard, sentant tout le désavantage de cette lutte inégale, s'empressa de reprendre les pourparlers.

— Ecoutez, leur dit-il, nous ne sommes pas des sauvahes, que diable, et il doit toujours y avoir moyen de s'entendre, sans en venir à de telles extrémités. Je suis de Boulcurs, peut-être me connaissez-vous ; or, c'est dimanche notre fête patronale, — la Saint-Maur, — j'ai besoin d'un lièvre pour régaler des amis ; celui-ci tombe juste à point, laissez-le moi, et je vais vous donner deux francs.

— Ça va, dirent ensemble les jeunes drôles.

Mais l'infortuné Z... eut beau tourner et retourner toutes ses poches, elles ne contenaient pas la moindre pièce de monnaie.

— Vous le voyez, leur dit-il, je n'ai pas d'argent sur moi, mais venez à Bouleurs et je vous paierai les deux francs.

— Tu nous bernes, *ma vieille !* dit l'un d'eux. Les quarante sous ou le lièvre ! Et, déjà, il tenait une patte, qu'il tirait à lui de toutes ses forces. Sentant le lièvre lui échapper, mon oncle voulut cependant tenter un dernier effort. Autrement que cela, proposa-t-il, puisque je n'ai pas le sou et que vous n'avez pas confiance en moi, partageons la bête !

— Tiens, c'est une idée, appuya celui qui le serrait de plus près, partageons. Et tirant aussitôt un mauvais couteau de sa poche, il se met en devoir de dépouiller le lièvre.

Jusque-là, tout allait bien. Mais, où surgit une véritadifficulté, c'est lorsque, pour faire un partage aussi équitable que possible, on résolut de fendre le lièvre dans le sens de la longueur et que l'on reconnut que les outils propres à cette opératiou faisaient totalement défaut. Ceci, pourtant, ne les arrêta guère, et la difficulté fut bien vite tournée.

Mon oncle, par mesure de prudence, n'avait pas lâché la patte de derrière qu'il tenait pendant le dépouillement ; l'un de ses adversaires se saisit de la seconde, tandis que l'autre, s'approchant à son tour, plaçait déjà son couteau pour opérer convenablement la section du râble. On voit la scène d'ici : les deux aides, le pied en avant et solidement arc-boutés, tirent avec ensemble et chacun de leur côté la patte qu'ils serrent de toutes leurs forces, pendant que l'exécuteur, les manches retroussées, le couteau d'une main et de l'autre un énorme caillou dont il s'est saisi, sue sang et eau à frapper sur le dos de la pauvre lame qui n'en peut mais et semble n'obéir qu'à regret, tant elle met de mauvais vouloir à rompre les os du sire à longues oreilles.

Peu à peu, cependant l'opération s'accomplit, et l'on arrive enfin à la tête ; là, mon oncle intervient et propose qu'on la lui laisse (il avait ses raisons pour cela, le vieux madré), et qu'il abandonnera la peau à la partie adverse.

— Ah ! ma foi, c'est cela, adopté.

Un dernier coup tranche le col de la bête et le partage à *la Salomon* est consommé.

Voilà comment, à la Saint-Maur de cette malheureuse année 1871, on ne put servir *qu'une moitié* de lièvre sur la table de ce bon vieil oncle Z..., qui, faisant trêve un instant aux souffrances du bon patriote, avait tenu, disait-il, à réunir encore une fois, avant de mourir, toute sa famille autour de lui. Mais nous ne sûmes la vérité qu'au dessert, entre la poire et le fromage.

— Vous vous figurez peut-être, nous dit tout à coup le bon oncle, avoir mangé *un lièvre*, aujourd'hui ?

— Certainement, répondîmes-nous en chœur, à preuve que nous vous avons vu mettre la tête sur votre assiette.

Un fin sourire de notre hôte accueillit ces paroles, sa ruse avait réussi ; par cette bienheureuse tête, il était parvenu à nous faire croire que le lièvre y était tout entier.

— Eh bien, non, ce n'était pas *un lièvre !*

— A d'autres ! à d'autres ! Nous connaissons parfaitement, d'ailleurs, la chaire du lièvre.

— *Ce n'était pas un lièvre*, vous dis-je.

Et c'est alors qu'il nous narra l'histoire que je viens de rapporter.

Comme nous le plaisantions, lui autrefois si peu facile à intimider, sur sa prétendue faiblesse en cette circonstance :

— Ah ! voilà, fit-il tristement, on n'est plus jeune !... Ils étaient deux, c'est vrai, mais si je n'avais eu que trente ans ! Ah ! quelle *danse* ils auraient reçue, les blancs-becs, et comme j'aurais rapporté mon lièvre tout entier !... Mais que voulez-vous ? j'étais vieux, j'étais faible, et je dus subir là, sans me plaindre, l'application de la fameuse maxime de nos ennemis : « La force prime le droit !!! »

XI. — Un Briard tiré d'embarras.

En ce temps-là, un jeune laboureur de la Brie, ayant du foin dans ses bottes, désireux de rompre avec le célibat, se présente un beau matin chez un fermier des environs, père de trois belles filles également mûres pour le mariage.

Séduit par les grâces physiques absolument égales chez les trois sœurs, notre Briard se trouve bien vite dans un grand embarras. A laquelle donner la pomme ? se demandait-il anxieusement.

Tandis que notre prétendant observait, le cœur des fillettes battait à tout rompre, et, tout en vaquant aux soins du ménage, les trois sœurs, plus aptes aux travaux manuels que versées dans l'art du beau langage, demeuraient silencieuses.

Une idée lumineuse vient bien à propos à notre amoureux dans l'incertitude.

« Mes toutes belles, leur dit-il, parfaitement de mon goût toutes trois, je ne puis cependant vous épouser ensemble ; mais, permettez-moi de vous imposer une petite épreuve ; veuillez, je vous prie, causer un peu, et à celle qui aura parlé le plus gentiment je donnerai de suite la préférence. »

Le silence continue néanmoins pendant quelques minutes comme si l'épreuve orale eût semblé à toutes trois plus redoutable que l'examen écrit.

Mais bientôt :

« La soupe *bourliquit'y?* fait l'une.

— *All'* n'est pas seulement *hurlucumée,* répond l'autre.

— Ah *ben!* les belles *parloqueuses!* » s'écrie triomphalement la troisième, heureuse de trouver ses sœurs en flagrant délit, et croyant l'emporter par le beau langage.

Le prétendant n'attendit pas la soupe et l'on assure qu'il court encore.

XII. — **Un' fafluche!**

Le père Colet, sabotier à Villiers-sur-Morin, était né bossu. Croyez-vous qu'il s'en plaignait? Oh! non, car si jamais bosse fut synonyme de malice et d'excentricité, ce fut certes bien chez lui, et son caractère s'arrangeait trop bien de cette tendance naturelle à s'amuser aux dépens des autres pour qu'il fût affecté de ce défaut de conformation. Que de gens furent en butte à ses railleries, à ses capricieuses extravagances !

Un jour, — c'était en automne, — un fervent disciple de Bacchus passe devant le cellier du père Colet, juste au moment où il tirait son vin à la cuve. Il entre :

— Bonjour, père Colet, est-ce qu'il n'y aurait pas moyen de goûter vot'e vin, lui dit-il ?

— Oh ! si, garçon, si, si, attends un peu que j'apporte le hanap, fait-il en passant dans la pièce à côte où il prend une cruche pouvant contenir deux litres environ, et au fond de laquelle il jette sournoisement une souris prise au piège le matin même.

On présente la cruche à la canelle et lorsqu'elle est pleine :

— Tu vois, garçon, dit le sabotier, faut m'vider ça *d'un trait*, ou sinon, bernique ! j't'envoie l'reste à la figure !...

— Ça s'rait dommage !... mais, rien de plus facile, vous allez voir.

Et notre homme attrape la cruche, l'élève au-dessus de sa tête qu'il penche en arrière et boit à la régalade.

C'était plaisir à voir comme le filet vermeil glissant de la cruche s'engouffrait en pétillant, et déjà l'on pouvait prévoir que le contenu tout entier y passerait sans interruption, lorsque tout à coup des glous-glous de mauvais augure, accompagnés de deux ou trois hoquets convulsifs, font craindre un instant que le passage ne soit obstrué. Il n'en est rien cependant, l'obstacle disparaît, le vin reprend son cours et en quelques secondes la cruche est à sec.

— Crebleu ! dit le buveur, en la posant à terre et en s'essuyant les lèvres sur sa manche, j'ai vu le moment où j'allais être obligé d'arrêter !

— Pourquoi donc ? demanda malicieusement le rusé bossu.

— Y avait un' fafluche dans le fond, pour sûr, mais c'est égal, il a bien fallu qu'a y passe !...

TABLE DES MATIÈRES

MEAUX. — IMP. A. LE BLONDEL.

122

ŒUVRES DE JULES GRENIER

EN VENTE :

Librairie Abel BERTIER, à Coulommiers.

Librairie A. LE BLONDEL, à Meaux.

Journal d'un Mobile de Seine-et-Marne à la défense de Paris (1870-1871), — 1874.

La Brie d'autrefois, 1er volume, illustré, — 1883.

Les Chemins de fer d'intérêt local en Seine-et-Marne, avec carte, — 1887.

La Gazette sténographique, — 1877-1888.

ŒUVRES INÉDITES :

L'Invasion allemande à Villiers-sur-Morin (1870-1871).

La Brie d'autrefois, 2e volume.

LIBRAIRIE LE BLONDEL, A MEAUX

Crécy-en-Brie, par Th. Lhuillier : brochure in-12 de 24 pages. Meaux, Le Blondel, 1861 . . . . 2 »

Crécy-en-Brie (état du domaine de) au XVIIe siècle, par Th. Lhuillier ; brochure in-12 de 16 pages . . . . 1 »

Couilly (notice historique sur), par Th. Lhuillier : broch. in-12 de 16 pages, ornée de 2 gravures. Meaux, Le Blondel, 1888 . 1 »

Coupvray (notice historique sur), par Th. Lhuillier ; broch. in-12 de 24 p. ornée de 2 planches. Meaux, Le Blondel, 1888. . 1 »

Pont-aux-Dames (La Dubarry à), par Georges Husson ; brochure in-12 de 16 pages. Meaux, Le Blondel, 1889. . . . . . . 1 25

Chanteloup (La légende de), par Georges Husson : broch. in-12 de 8 pages. Meaux, Le Blondel, 1884. . . . . » 50

La Brie d'autrefois (Mœurs et coutumes des bords du Grand-Morin), par Jules Grenier ; un volume illustré. Coulommiers, A. Bertier, 1883 . . . . 3 50

Les Chemins de fer d'intérêt local en Seine-et-Marne, par J. Grenier, broch. in-12 de 32 p. avec carte. Paris, Chaix, 1887 1 »

Boutigny (commune de). Recherches historiques et archéologiques sur le canton de Crécy-en-Brie, par Th. Lhuillier ; brochure in-8 de 16 pages, avec une gravure. Meaux, Le Blondel. 1 50

May-en-Multien (notice historique sur), par L. Benoist ; brochure in-8° de 94 p. avec gravures et plan. Meaux, Le Blondel, 1884 2 »

Meaux (Petit Guide de l'étranger dans la ville de) et les environs, par A. Le Blondel, avec 16 gravures et le plan de la ville de Meaux ; 1 vol. in-12, 2e édition. Meaux, Le Blondel, 1888 . 2 »

Notre-Dame des Marais, paroisse de Couilly, doyenné de Crécy, par Th. Lhuillier ; brochure in-8° de 16 pages. Meaux, Le Blondel, 1873. . . . . 1 25

Almanach historique, topographique et statistique du département de Seine-et-Marne. Meaux, Le Blondel, in-18.

La collection complète. (1861 à 1890 — 30 volumes brochés. L'Almanach de 18[illegible]3 est d'occasion.) . . . . 40 »

Recueil des usages du canton de Crécy — Baux à ferme — et pouvant s'appliquer à tout le département de Seine-et-Marne, par M. [illegible] Bruneau. Meaux, Le Blondel, 186[illegible] . . . . 2 »

L'éclairage électrique en Seine-et-Marne, par Georges Husson ; broch. in-8° de 8 pages. Meaux, 1887 . . . . » 50

MEAUX — IMP. A. LE BLONDEL.

www.ingramcontent.com/pod-product-compliance
Lightning Source LLC
LaVergne TN
LVHW010038230826
846091LV00005B/1768

* 9 7 8 2 0 1 3 6 1 5 0 7 5 *